Frauke Rosenstock

Osterschmuck und Osterbräuche

3. Auflage
73 Farbfotos
20 Zeichnungen

Ulmer

Vorwort

Zu allen Festtagen im Jahr besinnt man sich gern auf Sitten und Gebräuche unserer Vorfahren. So wie das Weihnachtsfest mit seinem Heiligen Abend in den Familien und Glaubensgemeinschaften unterschiedlich begangen wird, so bestimmen viele Gepflogenheiten auch den Ablauf anderer Feste. Sie sind in traditionellen Formen mit einem heute oft verlorengegangenen Sinngehalt fest in den Volksgebräuchen verwurzelt.

Eines dieser Feste, und neben dem Weihnachtsfest sicher das größte Fest, ist das Osterfest. Zunehmend wird in Gemeinden, Heimatvereinen, Kirchen, Schulen, Medien und nicht zuletzt in den Familien nach alten Osterriten »geforscht«. Veröffentlichungen und auf örtlich erhaltenen Traditionen basierende Handlungsweisen tragen dazu bei, dass viele Bräuche wieder neu belebt werden. Das Interesse geht weit über das Eierbemalen hinaus. Dabei mischen sich Osterbräuche mit den Frühlingsbräuchen und geben neue Impulse für die Osterzeit.

So beginnt das Buch auch mit dem Frühlingserwachen und den Frühlingsfesten, bis die Vorosterzeit naht und die Festesfreude von Lätare bis Ostern ihrem Höhepunkt, der Auferstehung des Herrn, entgegengeht. Zu jedem Fest gehört vielfältiger Blumenschmuck, dem wir uns in diesem Buch zuwenden.

So wie sich die Mode ändert, so unterliegt auch der Blumenschmuck modischen Strömungen. Diese wurden in den österlichen Arbeiten berücksichtigt und mit einbezogen, ohne jedoch die traditionellen Brauchtumsformen außer Acht zu lassen. Sie prägen nach wie vor die Gestaltungen und vermitteln einen symbolischen Wert, auf den wir bei aller Modernität nicht verzichten wollen.

Bei den Ausführungen der floristischen Werkstücke und bei der Fotoarbeit hat mich Gabriele Appel mit unermüdlichem Einsatz unterstützt. Besonderer Dank gebührt ihr vor allem für die individuell bemalten und farblich auf den Osterschmuck abgestimmten Eier.

Auch bei Ursula Kaiser möchte ich mich sehr herzlich bedanken für die Umsetzung meiner handschriftlichen Aufzeichnungen am Computer.

Ich wünsche mir, dass alle Leserinnen und Leser dieses Buches viele Anregungen darin finden, um altes Brauchtum mit Blumenschmuck für ihren häuslichen Bereich neu zu beleben und neu zu erleben.

Braunschweig, im Frühjahr 1999
Frauke Rosenstock

Eine Palmstange wird geschmückt.

Inhaltsverzeichnis

Vorwort 3

Frühlingserwachen 6

Feste im Februar 8
Mariä Lichtmess 8
Valentinstag 8
Fastnacht, Fasching, Karneval 10
Der Festreigen setzt sich fort 11
Veilchenfest zum Frühlingsanfang 14

Vorfreude auf Ostern 20
Tulpen, bezaubernde Frühlingsboten 21
Obstkiste im Tulpengewand 23
Narzissenschmuck 25
Kränze winden 26
Osterkarussell 27

Stiefmütterchen im Clematis-Gerank 33

Palmsonntag und sein Festtagsschmuck 35
Palmstange mit Kätzchen 37
Der Palmpaasch 41
Palmbuschen vor der Haustür 48

Gründonnerstag 51
Grünes säen und pflanzen 51
Ablasseier und Ablasskranz 53

Karfreitag – Tag der Passionen und Prozessionen 59
Schlehenzweige als Symbol für das Karfreitagsgeschehen 59
Die Karwoche neigt sich dem Ende zu 60

Feuer und Wasser als österliche Symbole 66
Die Feuerweihe in der Osternacht 66
Die Bedeutung des Osterwassers 67
Der Osterbaum als Symbol des Lebens 71

Der Ostersonntag 76
Osterlamm und Osterei 76

Hängender Osterschmuck 83
Ein Gänseblümchen-Eierkranz 83
Birkenkranz im Bauernlook 85
Tonspatz im Reisigheim 86

Inhaltsverzeichnis

Wandkranz aus Buchsbaum   88
Ungewöhnlicher Türschmuck   90
Eiertraube   91
Lust auf Blau   94
Ostereierkaskade   94
Festliches Buchsbaumgeäst   97

Osterschmuck für den Tisch   98
Der Kräutergarten en miniature   98
Nestgeflüster   98
Gänseblümchenversammlung   100
Osterhasenklause   102

Kleine mythologische Betrachtung der Osterblumen   105

Das Osterfest klingt aus   110
Osterfeuer   110
Der Osterspaziergang   112
Waldinseln für das Wohnzimmer   113

Werkzeuge, Hilfsmittel und Tipps vom Floristen   117
Werkzeuge und Hilfsmittel   117
Wichtige Techniken   118

Verzeichnisse   123
Literaturverzeichnis   123
Bildquellen   123
Sachregister   124

Frühlingserwachen

Das Frühjahr erleben heißt beobachten, wie die Natur aus ihrem Winterschlaf erwacht und wie die Tage spürbar länger werden. Die dunklen Wochen der Winterzeit sind dann schnell vergessen. Oft erinnern nur noch schmutzig graue Schneeflecken an die feuchtkalten Tage und an einen diesig-düster verhangenen Himmel, an Glatteis, Schneetreiben und Schneematsch.

Um so mehr freut man sich, wenn durch die noch angeeiste Bodendecke die ersten Winterlinge ihre gelben Blütchen der Sonne entgegenstrecken. Dazu gesellen sich Schneeglöckchen und kündigen im Februar den Vorfrühling an, gefolgt von Märzbechern, Krokussen, Tausendschön und Traubenhyazinthen. Zaubernuss und Winterjasmin zählen zu den ersten blühenden Frühlingsvertretern unter den Gartensträuchern. Schon nach wenigen sonnigen Tagen stäuben die männlichen »Kätzchen« der Haselnüsse und Weiden ihren Pollen durch die Luft zu den weiblichen Blüten.

In den Wäldern und an Wegrändern kommen an lichten Stellen die Märzveilchen zum Vorschein. Die Buschwindröschen breiten ihren weißen bis rosafarbenen Blütenteppich verschwenderisch aus, wesentlich zurückhaltender erscheint das Blau der Leberblümchen.

Manchmal werden die Blüten in der unbeständigen Vor-

Ein Vorfrühlingsgruß: In der rustikalen Holzmulde sind Tulpen und Narzissen mit ihren Zwiebeln zwischen Moos arrangiert, als wüchsen sie zwischen den Zweigen hindurch.

Frühlingserwachen

Ein Heukranz als Osternest. Mit dem schön geformten Ast, Tulpen und Narzissen ist es ein dekorativer Osterschmuck in einem Vorgarten.

frühlingszeit vom zurückkehrenden Winter überrascht. Doch die Natur hat für solche Geschehnisse Vorsorge getroffen. Bei derartigen winterlichen Attacken erfrieren nur die allerersten Blüten. Die Pflanzen selbst überleben. Alle wichtigen Teile liegen im Boden geschützt. Der Frost kann deshalb nur den Vortrieb stoppen. Sonnenschein und einige Temperaturgrade über Null sind ausreichend, damit die Pflanzen wieder sprießen.

In dieser Zeit sind auch die ersten Bienen und Zitronenfalter durch die wärmenden Sonnenstrahlen aktiv geworden und suchen nach Blütennektar. Das Leben in der Pflanzen- und Tierwelt ist wieder erwacht und in seiner Entwicklung nicht mehr aufzuhalten.

Sobald der weihnachtliche Zimmerschmuck weggeräumt ist, schaut man bereits sehnsüchtig nach Frühlingsboten aus. In der Blumenfülle im Blumengeschäft fallen die ersten kleinen Tausendschönchensträuße kaum auf. Forsythienzweige warten auf einen Platz im warmen Zimmer, um ihre gelben Blütchen öffnen zu können. Schneeglöckchen kann man in kleinen Bunden mit nach Hause nehmen. Tulpen und Osterglocken verlocken zum Kauf. So kann man seine Frühlingssehnsucht schon sehr bald im neuen Jahr mit Frühlingsblumen stillen.

Feste im Februar

Den Wechsel der Jahreszeiten vom Winter zum Frühjahr haben unsere Vorfahren viel stärker erlebt als wir heute. Winter bedeutete für sie Dunkelheit, Kälte und sich zu Ende neigende Vorräte. Man wartete voller Sehnsucht auf das Frühjahr, um Felder und Gärten neu zu bestellen.

Schon im zeitigen Frühjahr begrüßte man mit Gesang, Freudenfeuer, Lärm und allerlei ausgelassenen Festen den herannahenden Frühling. Man hoffte, dadurch den Winter endgültig zu vertreiben.

Mariä Lichtmess

Der Lichtmesstag am 2. Februar eröffnet den Reigen der Festesfreuden in der Vorfrühlingszeit.

Im bäuerlichen Alltag war der 2. Februar ein wichtiger Stichtag. Von nun an konnten mehr Arbeiten in Haus und Hof bei Tageslicht verrichtet werden, da die Tage »messbar« länger und heller wurden. Es war auch gleichzeitig das Datum, an dem die Knechte und Mägde ihre Stellung wechselten. Sie erhielten sogenannte »Schlenkeltage« bis zum 5. Februar. Das bedeutete freie Zeit, die man zum Abschied nehmen und Fröhlichsein nutzte, aber auch zum Packen der Habseligkeiten und zum Suchen einer neuen Arbeitsstelle.

Ursprünglich war der 2. Februar ein hoher Festtag im Kirchenjahr in Erinnerung an den Tempelgang Mariens (Mariä Reinigung). Nach dem jüdischen Glauben geht jede Mutter 40 Tage nach der Geburt eines Kindes zur Reinigung in den Tempel. Zum Gedenken an diesen Reinigungsgottesdienst werden in der katholischen Kirche noch an vielen Orten die Kerzen geweiht, und es schließt sich eine Lichtprozession an. Den geweihten Kerzen wird im Volksglauben Schutzkraft gegen Hagel und Blitz zugeschrieben, besonders wenn eine Kerze übers Jahr im Herrgottswinkel unter dem Kruzifix aufgestellt wird.

Valentinstag

Obwohl der Valentinstag am 14. Februar ein »junger« Festtag ist, soll er nicht unerwähnt bleiben. Nach dem Zweiten Weltkrieg kam er allmählich in Deutschland in Mode. Inzwischen ist es ein netter Brauch, an diesem Tag einem lieben Mitmenschen Dank zu sagen oder einfach nur Freude zu bereiten. Blumen und andere kleine Aufmerksamkeiten werden dazu verschenkt, oft anonym als Ausdruck von Zuneigung und Freundschaft unter jungen Leuten. Das Herz ist für diesen Tag zum Symbol geworden und drückt mehr aus als viele Worte.

Mit dem Lärm der Rätschen begleiten Kinder die Umzüge zum Austreiben des Winters. In manchen Gegenden ersetzen die Rätschen am Karfreitag die Kirchenglocken.

Die Entstehung ist auf verschiedene Legenden zurückzuführen. Der Name geht auf den heiligen Bischof Valentin von Terni in Italien zurück, der im Jahre 269 den Märtyrertod erlitt. Er soll allen jungen Leuten, die an seinem Klostergarten vorbeizogen, Blumen geschenkt haben.

Doch schon die Römer feierten den 14. Februar zu Ehren der Göttin Juno.

Unter ihrem besonderen Schutz standen Ehe und Familie. An diesem Tag schmückte man nicht nur die Altäre der Göttin, sondern die Frauen erhielten von den Sippenangehörigen Blumengaben.

Valentinstag wird auch als »Vielliebchentag« bezeichnet. Dem Volksglauben nach heiratet ein Mädchen den Mann, den sie als ersten an diesem Tag vor ihrem Haus erblickt.

Fastnacht, Fasching, Karneval

Heutzutage wird schon am 11. 11. um 11 Uhr 11 die närrische Zeit eingeläutet, aber erst im Februar haben die Narren Hochsaison. »Fastnacht« war ursprünglich der Abend vor der Hauptfastenzeit des Jahres. Da wollte man noch einmal kräftig feiern und die Welt verdrehen.

Der Ursprung des närrischen Treibens ist in heidnischen und bäuerlichen Frühlingsfesten zu suchen. An der Schwelle vom Winter zum Frühling versuchte man in der vorchristlichen Zeit durch Ruten schlagen, Winter verbrennen, Peitschen knallen, Rasseln und Glocken läuten die bösen Dämonen, die der erwachenden Natur Schaden zufügen oder das Wachstum und die spätere Ernte bedrohen könnten, zu erschrecken und zu vertreiben. Zugleich galt es aber, die guten Geister zu wecken, von denen man sich Fruchtbarkeit und Erntesegen erhoffte.

Seit dem 15. Jahrhundert kennt man Maskierungen bei den Festen der Handwerkszünfte. Man glaubte, die Dämonen der Winterzeit durch den Anblick ihres Ebenbildes verjagen zu können. Das Volk griff diesen Brauch auf und machte sich ihn zunutze. Hinter einer Maske versteckt ließen sich Unfug und Haschespiele treiben sowie Ängste und Schrecken verbreiten, die dann mit kleinen Gaben an die Maskierten endeten. Fasching und Fastnacht deuten auch auf das Wort »faseln« hin, was soviel heißt wie »Unsinn reden«.

Egal, ob man die närrische Zeit als Fasching, Fastnacht oder Karneval bezeichnet, es sind alles Namen für ein und dasselbe Ereignis. Im süddeutschen und österreichischen Raum wird die Fastnacht »Fasching« genannt, »Fasnet« sagt man im schwäbisch-alemannischen Gebiet, und die Rheinländer sprechen vom Karneval, was aus dem lateinischen *carnevale* entstand und soviel bedeutet wie »Fleisch lebe wohl«. Damit wird auf die bevorstehende vierzigtägige Fastenzeit von Aschermittwoch bis Ostersamstag hingewiesen.

Doch die von der katholischen Kirche geforderte genügsame Ernährungsweise in der Fastenzeit gehört längst der Vergangenheit an. Heute beschränkt sich das Fasten nur auf den Aschermittwoch und den Karfreitag, an welchen man traditionsgemäß statt einer Fleischspeise ein Fischgericht isst.

Die Fastenzeit ist die Vorbereitungszeit auf das Leiden von Jesus Christus. In der Karwoche blieben früher die Kirchenglocken stumm. Mit Rasseln und Klappern liefen die Jungen durch die Ortschaften, um die Gottesdienste anzukündigen. In der Fastenzeit fanden keinerlei Vergnügungen statt. Diese Wochen wurden als Trauerwochen empfunden. Doch in der davor liegenden Zeit verschaffte man sich durch »Kampfspiele«, in denen Winter und Sommer figürlich dargestellt wurden, allerlei Zeitvertreib, wie im nächsten Kapitel zu lesen ist.

Der Festreigen setzt sich fort

Früher teilte man das Jahr noch nicht in vier Jahreszeiten ein, wie wir es heute kennen. Erst ab dem 15. Jahrhundert bildete sich das Wort »Frühling« heraus im Gegensatz zu »Spätling«, dem Herbst. Bis dahin kannte man nur Sommer und Winter. Daher sind in Überlieferungen aus vergange-

Ein Junge wird als Wilder Mann mit Stroh umkleidet.

In einem Umzug wird der Wilde Mann, in anderen Gegenden ist es auch der „Pfingstl", durch das Dorf geführt.

ner Zeit die alten Bezeichnungen wie »Sommertag« und »Sommerstecken« erhalten geblieben, auch wenn sie sich auf die Zeit beziehen, die wir Frühling nennen. Die spielerischen Wettkämpfe zwischen Winter und Sommer wurden in den ersten Monaten des neuen Jahres veranstaltet und sind als »Frühlingsfeste« anzusehen, wie folgende Beispiele verdeutlichen.

Der Laubmann oder Wilde Mann hielt sich laubumhüllt als Sommersymbol im Wald versteckt, bis ihn die Kinder und die Dorfjugend gefunden hatten. Er wurde unter Jubel in die Ortschaft zurückgeführt. Auf dem Weg wurde an jedem Haus angehalten, um durch Gesang und Verse aufsagen eine Gabe für das anschließende Fest zu erbitten.

Winter vertreiben oder Winter verbrennen stellte eine Art Wettstreit zwischen den Jahreszeiten dar, mit siegreichem Ausgang für den Sommer. Der Winter, symbolisiert durch eine Strohpuppe, wurde verbrannt oder in ein Gewässer geworfen. Der Sommer, ver-

Feste im Februar

körpert von einem jungen Mann, der einen mit Früchten, Schmuckbändern und Nüssen geschmückten Baum trug, blieb Sieger. Ein ausgelassenes Fest folgte dem lustigen Gerangel.

Sommertag: Lätare, den dritten Sonntag vor Ostern, feierten die Kinder als den »Sommertag«. Bei einem Umzug durch die Dörfer und Felder zogen sie mit ihren »Sommerstecken« hinter zwei

Oben: Sommerstecken mit den symbolischen Gaben Apfel, Ei und Brezel.

Links: Hier ist die Tradition in einer anaxialen Gestaltung aufgenommen. An der Spitze ist hier ein großes Gebildbrot befestigt.

Spielern her, die als Sommer und Winter verkleidet waren. Das Sommerkind trug ein grünes Kleid mit einem Frühlingsblütenkränzchen auf dem Kopf und das Winterkind einen zottigen Umhang. Im lustigen Spiel bekämpften sich die zwei Jahreszeiten, wobei der Winter immer besiegt wurde. Zuvor hatten die Kinder für ihre Sommerstecken eine Weidenrute abgeschält und darauf eine Brezel, einen Apfel und ein ausgeblasenes Ei gesteckt.

Apfel und Ei gelten seit alters her als Symbole der Fruchtbarkeit, und die häufig auch auf den Kopf gestellte Brezel gilt als Sinnbild der Wiege, was auf die Geburt einer neuen Jahreszeit hinweisen soll.

Zum Kräuter pflücken oder Kränze winden mussten die Mädchen und Knaben schweigend im frühen Morgengrauen durch den Wald ziehen und die passenden Pflänzchen sammeln. Die daraus gewundenen Kränze wurden im Stall oder über dem Esstisch in der Stube aufgehängt und kündigten so den nahenden Frühling an. Zwei Kränze wurden zum Ewigkeitszeichen miteinander verschlungen.

Kränze sind seit dem Altertum nicht nur Symbol für Trauer, sondern auch Zeichen der Festesfreude, des Sieges und der Liebe. Der Kranz ist die gegenständlich gewordene Vorstellung von der ewigen Wiederkehr des Lebens. Gerade im Frühjahr ist man voller Hoffnung auf die Wiedergeburt des neuen Lebens in der Natur.

Wie ein Fest auch immer benannt worden ist, ob es in der Stadt oder auf dem Land gefeiert wurde, ist unwe-

Zwei ineinander verschlungene Kränze als Zeichen der Ewigkeit.

sentlich. Eines ist gewiss, die Leute freuten sich gemeinsam, dass dem grimmigen Winter endgültig der Garaus gemacht worden ist. Überall wurde die Frühlingszeit froh begrüßt.

Veilchenfest zum Frühlingsanfang

Zu Ehren des Veilchens, als eines der ersten Frühlingsboten bekannt, beging man in den süddeutschen Dörfern das Veilchenfest. Das erste blühende Veilchen wurde ausgegraben und feierlich auf eine Stange gesteckt und umtanzt.

Wer als erster mit einer blühenden Veilchenpflanze vor dem Stadttor ankam, wurde als Frühlingsherold be-

Veilchenfest

grüßt und bekam vom Türmer eine Fanfare geblasen und einen Ehrentrunk gereicht.

Im Kalender ist der 21. März als Frühlingsanfang festgeschrieben. Damit ist kein offizieller Feiertag verbunden, aber es wäre ein willkommener Anlass, den Beginn des Frühlings mit ein paar Freunden und Bekannten zu begrüßen.

Heute wie früher wartet man nach dem Winter sehnsüchtig auf den Frühling. Man möchte die wärmende Märzsonne genießen, sich an den frischen, zarten Blüten und Blättchen in der Natur erfreuen und Frühlingsdüfte einatmen. Die Gartenbesitzer verspüren ein unbeschreibliches Verlangen, sich in der frischen Luft aufzuhalten, um mit den ersten gärtnerischen Tätigkeiten zu beginnen.

Es ist schlicht und einfach in der erwachenden Natur begründet, dass man sich im Frühling wohler fühlt und unternehmungslustiger ist als im Winter.

All dies mag dazu beitragen, dass man zu Jahresbeginn gern einer Einladung zur Faschings- oder Rosenmontagsparty folgt. Doch greifen wir den Brauch um das kleine Märzveilchen auf und laden zum Veilchenfest am Frühlingsanfang ein.

Es gibt viele Möglichkeiten das Fest zu gestalten. Nur eines ist dabei nicht zu vergessen: Das Veilchen und die sprichwörtliche veilchenblaue Farbe sollen im Mittelpunkt stehen.

Zum Essen wird ein Veilchensalat zubereitet, dazu gibt es eine Märzveilchenbowle. Als Nachspeise empfiehlt sich Veilchen-Gefrorenes.

Als besondere Attraktion der Frühlingsfeier stellen wir das Bowlengefäß in einen Veilchenring, und schon vermittelt die Tischdekoration ein stimmungsvolles Frühlingsbild (s. Seite 18).

Veilchensalat

für 4 Personen
- 250 g frisch gepflückte Veilchenblätter
- 2 Stangen Schikoree
- 2 säuerliche Äpfel
- 1 Zitrone
- 2 Ringe Ananas (Konserve)
- 1/2 Tasse Silberzwiebeln (Konserve)
- 6 Esslöffel Ananassaft
- 1 mittelgroße Zwiebel
- 3 gestrichene Teelöffel Zucker
- 1 Messerspitze Cayennepfeffer
- 2 Esslöffel Weinessig
- 2 Esslöffel Zitronensaft
- 1/2 Teelöffel Salz
- 1/2 Teelöffel Senf
- 1 hartgekochtes Ei
- 10 kandierte Veilchenblüten

Zubereitung
Veilchenblätter verlesen, gründlich waschen, abtropfen lassen.

Schikoree am Stiel aufschlitzen, bittere Teile entfernen, waschen. Die Hälften in Scheiben schneiden.

Äpfel schälen, entkernen, in feine Stifte schneiden, danach mit Zitronensaft beträufeln.

Ananas in kleine Stücke schneiden, Silberzwiebeln grob hacken.

Diese Zutaten, aber ohne Veilchenblätter, in einer großen Schale mischen.

Die Zwiebel fein reiben, mit Essig, Gewürzen und Saft zu einer Marinade rühren und über den Salat gießen. 20 Minuten durchziehen lassen. Danach erst die Veilchenblätter untermischen.

Zum Schluss das kleingehackte Ei über den Salat streuen, mit Veilchenblüten garnieren.

Kandierte Veilchenblüten

Zutaten
- 1 Eiweiß
- 1 Esslöffel Wasser
- Veilchenblüten mit Stängelansatz
- Zucker

Zubereitung
Durch Kandieren lassen sich Veilchenblüten für längere Zeit haltbar machen. Dabei werden die Blüten im Ganzen kandiert. Das Eiweiß mit dem Wasser gut verrühren. Die Blüten vorsichtig mit der wässrigen Eiweißlösung benetzen und abtropfen lassen. Den Zucker behutsam über die Blüten rieseln lassen oder vorsichtig in Puderzucker wenden.

Danach die Veilchenblüten am Stängelansatz zum Trocknen aufhängen. Als Leine dient ein gespannter Faden, Miniklammern halten die Stängelchen daran fest. Man kann die Blüten auch einfach vorsichtig zum Trocknen auf einen Gitterrost legen.

Anstatt der Eiweißlösung lassen sich die Blüten mit gelöstem Gummiarabikum (erhältlich in Drogerien und Apotheken) bestreichen, danach werden sie gezuckert und getrocknet, wie oben beschrieben.

Veilchen-Gefrorenes

Zutaten
- 125 g Zucker
- 3/4 l süße Sahne
- 1/8 l Veilchensaft
- 6 Eigelb

Zubereitung
Die Zutaten im Wasserbad oder auf niedriger Stufe unter beständigem Rühren fast bis zum Kochen bringen, erkaltet ins Gefrierfach stellen oder im Eisbereiter verarbeiten. Vor dem Servieren stürzen, mit frischen Veilchenblättern umlegen und mit kandierten Veilchenblüten dekorieren.

Das Rezept für Veilchensaft ist in vielen Apotheken oder auf Anfrage bei der Autorin erhältlich.

Märzveilchenbowle

Zutaten
- 1 Hand voll frischer, duftender Veilchenblüten
- 2 cl Weinbrand
- 2 Apfelsinen
- Zucker
- 2 Flaschen Weißwein
- 1 Flasche Sekt

Zubereitung
Die Veilchenblüten mit dem Weinbrand und dem Saft der Apfelsinen übergießen, danach zugedeckt für zwei Stunden an einem kühlen Ort ziehen lassen.

Den Ansatz durchseihen, mit Zucker nach Geschmack süßen, dann mit Wein auffüllen. Kurz vor dem Servieren den Sekt zufügen.

Veilchenfest

Um den Veilchencharakter des Getränks erkennbar werden zu lassen, kann man einige Tropfen blaue Back- und Speisefarbe in die Bowle träufeln. Die Speisefarbe ist geschmacksneutral und färbt das Getränk bläulich. Einen ähnlichen Effekt erzielt man auch mit dem blauen Curaçao-Likör. Diesen kann man anstatt des Weinbrandes verwenden.

Übrigens, der Lyriker Barthold Brockes (1680–1747) soll das Veilchenaroma der Bowle verglichen haben mit einer Mischung aus Honig, Pfirsichkern, Mandelmilch und Zimtrinde.

Bowle im Veilchenkleid

Natürlich lässt sich jedes größere, höhere Gefäß aus der Küche zum Ansetzen einer Bowle umfunktionieren, wenn im Haushalt kein spezieller Topf vorhanden ist. Allein durch den nachfolgend beschriebenen Veilchenschmuck wird jede Schüssel, Schale, Krug, Karaffe oder Terrine aus Glas, Keramik oder Porzellan zum gediegenen Bowlengefäß. Zwar ist es üblich, das köstliche Getränk mit der Kelle in die Trinkgläser zu füllen, es lässt sich aber auch aus einer Kanne einschenken. Eine improvisierte Trinkset-Zusammenstellung kann ungezwungen und individuell sein und gerade passend für das kleine Fest auf dem Balkon oder im Garten.

Abgeschnittene Veilchenblüten sind nur von ganz kurzer Haltbarkeit. Die zarten Blütchen welken meist schon innerhalb kurzer Zeit und ziehen sich dabei zusammen. Daher sind bei der Schmuckdekoration die Veilchen als ganze Pflanzen mit Blättern und Wurzeln verwendet worden. Für ein paar Tage zeigen sie sich dann in voller Schönheit. Anschließend sollten die Pflänzchen nach Möglichkeit an ihren alten Standort zurückgesetzt werden.

Wer am eigenen Gartenzaun eine Veilchenecke hat, dem bereitet die Beschaffung der kleinen Frühlingsblüher keine Schwierigkeiten. Ansonsten kann man in Gärtnereien mit einer Staudenabteilung, in Gartencentern und Blumengeschäften Märzveilchenpflanzen kaufen. Dabei sollte auf einen reichen Blütenansatz geachtet werden. Je zahlreicher die Blütenpracht am Einladungstag erstrahlt und ihren typischen Veilchenduft ausströmt, um so mehr fühlen sich die Gäste in die richtige Frühlingsstimmung versetzt. Unter den Mini-Stiefmütterchen, auch Hornveilchen genannt, gibt es Sorten in tiefblauer Veilchenfarbe. Sie sehen sehr frühlingsfrisch und liebenswert aus und sind durchaus nicht nur als Ersatz anzusehen. Auch die seit einigen Jahren in Mode gekommenen Mini-Usambaraveilchen können anstatt der Freilandveilchen verwendet werden.

Der Veilchenring wird bepflanzt
Für einen Veilchenring, wie er auf Seite 18 zu sehen ist, werden je nach Wuchsüppigkeit 15–20 Pflanzen gebraucht. Man stellt den Bowlentopf in die Mitte eines Tabletts mit einem Durchmesser von 40 cm. Der Rand des Tabletts sollte etwa 4 cm hoch sein, damit auch das Wurzelwerk der Veilchen genügend Platz hat. Erde

zum Befestigen der Pflanzen kann aus deren natürlichem Lebensraum stammen, ansonsten ist auch jede andere Blumenerde geeignet. Um eine Verschmutzung des Bowlengefäßes mit Erde zu vermeiden, ist es ratsam und zugleich praktisch, schon zu Beginn des Pflanzens ein »Podest« für die Bowle zu errichten. Dabei bestimmt die Größe des Bowlengefäßbodens die Podestgröße. Beispielsweise ist eine umgekehrte Kompottschale oder ein Blumenuntersetzer geeignet. So bleibt das in die Mitte gesetzte Behältnis sauber und kann jederzeit zum Nachkühlen oder Nachfüllen heruntergenommen werden. Gleichzeitig ist damit auch die mit Veilchen zu bepflanzende Ringgröße festgelegt. So lässt sich Tage zuvor das Pflanzen erledigen und kurz bevor die Gäste kommen, wird nur noch das Gefäß mit dem fertigen Bowlengetränk hineingesetzt.

Beim Pflanzen selbst ist auf eine optimale Verteilung der Blüten in gleicher Höhe zu achten. Zum Festdrücken der Pflanzen ist Erde erforderlich. Sollten dabei Blätter und Blüten etwas beschmutzt werden, so

Veilchenring um ein Bowlengefäß. Besonders zierlich sind die echten, duftenden Veilchen (Viola odorata), dekorativer und haltbarer sind Hornveilchen mit ihren großen blauen Blüten, aber auch Usambaraveilchen sind ein brauchbarer Ersatz.

Veilchenfest

Zum Veilchenfest passt auch diese zunächst für das Osterwasser (siehe Seite 67) festlich geschmückte Schale. Der zarte, auf einen Drahtreifen gebundene Buchsbaumkranz ist mit Seidenveilchen und violetten Bändern geschmückt.

können sie leicht mit einem sanften Wasserstrahl gereinigt werden, womit gleichzeitig für das erforderliche Angießen gesorgt wäre. Falls nötig, muss das Pflanzgefäß mit einem Lappen auf der Unterseite und rundherum gesäubert werden, damit es zu keinerlei Beschmutzung auf der Stellfläche kommt.

Für die Herstellung der abgebildeten Dekoration wurde ein weißes Tablett gewählt. Da aber der Farbton Weiß nicht mit Bowlengefäß, Veilchen und Tischdecke harmonisierte, wurde ein schmaler Streifen Wellpappe auf Tabletthöhe zugeschnitten und mit Wasserfarbe grün eingefärbt. Dabei mussten, um die erforderliche Länge rund um das Tablett zu erreichen, zwei Streifen aneinandergefügt werden. Dazu diente doppelseitig klebendes Teppichband. Der fertige Rand sieht nun wie eine hübsche kleine Einfriedung aus.

Ein entsprechend gefalteter Papierstreifen kann auf ähnliche Weise den Tablettrand kaschieren. Selbstverständlich lässt sich durch einen passenden Farbanstrich jedes Pflanzgefäß (Tablett) farblich auf das gesamte Ambiente abstimmen.

Nebenbei sei noch erwähnt, dass Blumenuntersetzer aus Ton oder Kunststoff teilweise leichter und preiswerter zu erwerben sind als ein Serviertablett in dieser Größenordnung.

Flache Körbe eignen sich ebenso und neigen durch ihren naturbelassenen Charakter zur rustikalen Festgestaltung. Der Innenraum des Korbes sollte mit Folie vor Verschmutzung und Durchfeuchtung gut geschützt werden.

Vorfreude auf Ostern

Jede Jahreszeit hat ihre Reize. Stehen persönliche Festtage oder Familienfeiern an, so ist das oftmals mit Vorbereitungen für den besonderen Tag verbunden, so auch zu den jahreszeitlich bedingten Festen.

Die Advents- und Weihnachtszeit ist bestimmt durch Tannengrün und Lichterglanz zu Hause. Familientraditionen werden in dieser Zeit verstärkt gepflegt. Warum sollte man nicht auch bereits einige Wochen vor Ostern alle Häschen, Osterbücher, Hähne, Hühner und Küken, Schafe und Vögel, Körbe und Eier zusammensammeln und an einem geeigneten Platz aufstellen? Kleine Frühlingsprimeltöpfe und die ersten angetriebenen Blütenzweige können sich dazu gesellen. Mit einer solchen Aktion kann man die Atmosphäre zu Hause in eine stimmungsvolle Vorfreude auf die Ostertage verwandeln.

Basteleien und selbst gefärbte oder angemalte Ostereier dürfen die Kinder auf den Ostertisch dazulegen und im Laufe der Wochen wird der Tisch um mancherlei österliche Neuzugänge reicher. Am Festtag selbst lassen sich in Heu- und Grasnestern allerlei Leckereien und kleine Überraschungen für Groß und Klein verstecken.

Im Eingangsbereich wartet bereits, in einer Obstkiste hockend, ein niedlicher Stoffhase auf das bevorstehende Osterfest und vom Flur aus blicken zwei Häschen erwartungsvoll um die Ecke durch die Küchentür. Wie viele Tage es wohl noch bis zum Osterfest dauern wird?

Ein kleines, gelbes Primeltöpfchen, wie sie zuhauf im Handel angeboten werden, setzt einen leuchtenden Farbkontrast zu den dunklen Häschenkindern auf der Abbildung.

Tulpen

Dicht und ausschwingend gebundene Tulpen als klassischer Osterstrauß. Die zierlichen zwischengebundenen Blüten kontrastieren und betonen die runden Formen der Tulpen.

Tulpen, bezaubernde Frühlingsboten

Bereits im November und Dezember sind durch besondere Kulturmaßnahmen im Gartenbau Schnitttulpen in den Blumengeschäften zu finden. Dennoch verbinden wir die Tulpen unwillkürlich mit der Frühlings- und Osterzeit, denn naturgemäß blühen die frühen Sorten ab März im Freiland und viele andere Arten erfreuen uns in den anschließenden Monaten April und Mai, vereinzelt sogar bis in den Juni hinein. Dank der bereits jahrhundertelangen Züchtungsarbeit gibt es

Vorfreude auf Ostern

heute etwa 150 Tulpensorten, die zusammengenommen ein Form- und Farbenspiel bieten, das seinesgleichen sucht.

Neben einfachen Tulpensorten mit und ohne Duft lenken dicke, runde oder gefüllte Tulpenblüten die Aufmerksamkeit ebenso auf sich, wie die kräftige oder zarte Einfarbigkeit und die geflammte Zweifarbigkeit anderer Sorten. Daneben brillieren lilienblütige oder gefranste Blütenkelche, schließlich die Papageientulpen, die fast immer auf gemalten Blumenstilleben alter holländischer Meister zu sehen sind.

Eine ganz große Gruppe unter den Tulpen nehmen die Wildformen mit ihren Spielarten ein, die in Gärten, Parkanlagen oder gar im Steingarten während des Frühlings einen blühenden Blickfang darstellen. Darunter finden sich viele Arten, die lediglich eine Wuchshöhe von 15–20 cm erreichen und über viele Wochen ihren Blütenflor ausbreiten, denn nicht selten bilden sich mehrere Blüten nachfolgend an einem Stiel.

Die echten Wildtulpen wachsen hauptsächlich in den Ländern rund um das Mittelmeer, das Kaspische und das Schwarze Meer. Aus Artenschutzgründen ist dem Raubbau ein Ende gesetzt. Heute gelten alle Tulpenarten, die ihrem Aussehen nach den wildwachsenden Tulpen ähnlich sind, als Züchtungen und werden ebenfalls unter dem Namen »Botanische« Tulpen angeboten.

Das Land der Blumenzwiebeln ist zweifellos Holland. Das war allerdings nicht immer so. Vor über 400 Jahren blühten im Hortus Botanicus in der Stadt Leiden die ersten Tulpen. Ihre Erscheinung war eher bescheiden, die Blüten waren von zarter Farbe und die Stängel von einem leichten Flaum aus feinen Härchen überzogen. Kaum vorstellbar, sieht man heute die prächtigen Formen in ihrer Farben-

Hier wurde die Eigenschaft mancher Tulpensorten, sich zu winden, kunstvoll zu einer eleganten Gestaltung genutzt.

vielfalt auf den Tulpenfeldern in Holland.

Bald nachdem die Tulpe, etwa zur Mitte des 16. Jahrhunderts, aus dem Orient nach Mitteleuropa gekommen war, brach ein wahres »Tulpenfieber« aus. Züchtung und Anbau wurden bereits gegen Ende des 16. Jahrhunderts in den Niederlanden kommerziell betrieben. Dennoch blieb die Tulpe ein begehrtes Handelsobjekt. Die Preise stiegen und das Spekulationsgeschäft blühte. So mancher Spekulant verlor dabei Haus und Hof. Dieser »Tulpenwahn« dauerte einige Jahre an und wurde von der Niederländischen Regierung per Erlass beendet. Zunächst verlor sich die Lust der Holländer an dem Blumenzwiebelgeschäft und das Hauptanbaugebiet verlagerte sich zwischen 1730 und 1870 nach Berlin. Paradoxerweise wurden beträchtliche Mengen von dort nach Holland geliefert. Um die Jahrhundertwende drehte sich das Blatt allerdings wieder: Weil es im Berliner Raum Probleme mit dem Grundwasser gab, wurde die Kultivierung von Zwiebelblumen im großen Stil nach Holland zurückverlagert. Heutzutage werden über 2 Milliarden Tulpen von Holland aus in achtzig Länder der Welt exportiert.

Auf wie vielfältige Weise Tulpen die Frühlingsmonate zu Hause begleiten können, zeigen die Abbildungen auf diesen Seiten.

Die beste Tageszeit zum Schneiden der Tulpen im Garten ist der frühe Morgen. Doch welcher Gartenfreund trennt sich schon gern von seiner blühenden Pracht, wo doch das Angebot im Handel eine große Auswahl ermöglicht.

Beim Kauf sollten die Tulpen bereits Farbe zeigen und knackig frisch aussehen. Bevor man sie daheim in die Vase stellt, sollte man dem Wasser eventuell Schnittblumennahrung beigeben. Jede Tulpe muss zuvor schräg mit einem scharfen Messer angeschnitten werden.

Becherförmige und weite, bauchige Gefäße haben ein ideales Volumen, um den Tulpen Raum für ihre Entwicklung zu gewähren. Sehr viele Sorten wachsen, blühen auf, verbiegen und neigen sich gefällig über den Gefäßrand (Abb. Seite 21) oder winden sich um haltgebende Zweige und Rankwerk (Abb. links). Diese Wachstumsveränderungen vollziehen sich meistens in den ersten Tagen ihres Daseins als Schnittblume.

Nicht alle Tulpensorten haben die Veranlagung, sich zu winden, sondern viele Sorten bleiben aufrecht, auch wenn die oberen Tulpen an den Zweigen festgebunden sind und nur über Wasserröhrchen versorgt werden. Dort muss dann allerdings in den ersten Tagen häufig der Wasservorrat kontrolliert werden.

Obstkiste im Tulpengewand

Für diese stimmungsvolle Komposition war zunächst einmal ein Gang zum Markt notwendig, um eine Spankiste zu beschaffen. Diese soll nun mit Hilfe von leuchtend roten Tulpen, Moos, Erde, Zwiebeln, einem Einmach- oder Gurkenglas und Ma-

Vorfreude auf Ostern

Obstkiste im Tulpengewand. Bewusst ist in die gestalterischen Überlegungen einbezogen, dass die Tulpen weiterwachsen und sich mehr und mehr über die Kiste neigen.

schendraht in ein wunderschönes, rustikales Dekorationsobjekt verwandelt werden (Abb. oben).

Und so wird gestaltet
Die Obstkiste wird zunächst einmal von ihrer Papierbanderole befreit. Wenn sie etwas mitgenommen aussieht, macht das nichts, im Gegenteil, es trägt zu der beabsichtigten Wirkung bei. Nun wird die Kiste mit Blumenerde oder einer beliebigen anderen Erde ausgefüllt. Jetzt wird das Gefäß für die Tulpen mitten hineingestellt. Dann belegt man die Erde um das Gefäß herum mit Moos, so dass ein dichter grüner Teppich entsteht. Moos lässt sich auf Spaziergängen durch den Wald oder durch Parks finden und sammeln.

Tulpenzwiebeln, ersatzweise auch ganz normale Haushaltszwiebeln oder Ostereier werden auf den Moosteppich gelegt, bevor man den Maschendraht (den man problemlos in jedem Baumarkt zu kaufen bekommt) über die Spankiste spannt. Es darf nicht vergessen werden, das Glas für die Tulpen reichlich mit Wasser zu füllen.

Der feinmaschige Draht wird über die Kiste gezogen und ringsherum über den Kanten nach unten abgeknickt. Er sollte bei diesem Vorgang großzügig, so wie auf der Abbildung gezeigt, verwendet werden. Mit einer Drahtschere lässt er sich gut auf die gewünschten Maße schneiden. Jetzt fehlen noch Tulpen und Beargras, um das Werk zu vollenden. Beim Kauf einer hierfür geeigneten Tulpensorte sollte man sich vom Fachmann im Blumengeschäft beraten lassen und nur eine Sorte auswählen, deren Stängel aus einem weicheren Gewebe bestehen und daher biegsam sind. Sie unterscheiden sich von ihren Artgenossen durch gefälligen, lockeren Schwung, der in diesem Fall erwünscht ist. Ferner haben sie die Eigenschaft, dass sie selbst als Schnittblumen ihr Wachstum nicht einstellen.

Vorsichtig werden Tulpen und Beargras nun durch das Drahtgeflecht in das Gurkenglas geschoben. Nur diejenigen Maschen werden benutzt, die unmittelbar über der Glasöffnung liegen. Nun kann man nach Belieben mit Tulpen und Beargras regelrecht »modellieren«. Aufgrund des Nachwachsens der Tulpen, die obendrein ein richtiges Eigenleben haben, dürfen wir täglich neu gespannt sein, wie interessant und vielseitig sie sich letztlich entwickeln werden.

Als Pflegehinweis muss noch erwähnt werden, dass Tulpen und Beargras regelmäßig mit reichlich Wasser versorgt werden müssen.

Narzissenschmuck

Im zeitigen Frühjahr bietet der Handel vorgetriebene Narzissentöpfe an. Beim Kauf sind die Blüten oftmals noch gar nicht sichtbar, nur ein beigefügtes Stecketikett verrät durch eine farbige Abbildung das Aussehen des zu erwartenden Blütenflores. Dabei handelt es sich meistens nicht um die großblütigen gelben Osterglocken, sondern um mehrblütige Arten aus

Vorgetriebene Narzissen in einem großen Tontopf, der mit einer groben Hanfschnur umwunden wurde. Das Lamm daneben nimmt die Farbe des Tontopfes auf und ergänzt die Gestaltung zu einer gelungenen Komposition.

der reichen Gattung der Narzissen. Die grünen Blatttriebe versprechen, dass auch die Blüten bald nachschieben werden. Sind sie einmal erschienen, verheißen sie mit ihrem Duft, der oftmals intensiv und betörend ist, kommende Frühlingsfreuden.

In einem Kunststofftopf oder einer flachen Kunststoffschale, gefüllt mit einem Gemisch aus Erde und feinem Sand, sind drei bis fünf Zwiebeln verkaufsfertig zusammengepflanzt. Die Pflanzgefäße mögen recht praktisch sein, doch sind sie gewiss keine Zierde für das gepflegte Zuhause. Hier kann mit einem schönen Übertopf oder durch Umpflanzen in einen Tontopf gestalterisch eingegriffen werden.

Kränze winden

Kränze lassen sich aus vielen pflanzlichen Materialien mit Hilfe eines Ringes und einer Rolle Wickeldraht binden. Aber auch ohne diese Hilfsmittel kann man durch Winden und Verschlingen Kränze fertigen. Ein bevorzugtes Material dafür ist das junge Gezweig der Birke. Ihre sich filigran verzweigenden Äste mit Kätzchenbesatz und noch nicht aufgebrochenen Blattknospen sind wie geschaffen für die Kranzherstellung. Schon während des Abschneidens der Zweige vom Baum wird ihre Biegsamkeit geprüft. Brechen dürfen sie nicht. Mit einem besonders langen, dicht verzweigten Reisig wird begonnen.

Die linke Hand hält das untere Zweigende. Die rechte legt nun, indem sie die Birkenspitzen zu einem Bogen dreht, den gewünschten Kranzdurchmesser fest. Daumen und Zeigefinger halten das Material. Nun wird gewunden, indem die rechte Hand in Aktion tritt. Sie schlingt das Birkenreisig von unten nach oben, durch den noch dünnen Kranz hindurch, sogleich wieder über dessen Rand nach unten. Die linke Hand bleibt in ihrer Position und wirkt dabei stützend. Dieser Vorgang wiederholt sich. Der Kranz gewinnt an Rundung.

Je nach gewünschter Kranzstärke »verschlingt« man mehrere Lagen Birkenreisig miteinander. Die Festigkeit entwickelt sich durch den Vorgang des Windens. Band oder Draht sind unnötig, können aber dennoch zu Hilfe genommen werden, wenn eine bestimmte Stelle sich widerspenstig zeigt und immer wieder zurückfedert. Mit einiger Übung merkt man sehr schnell, welche Birkenzweige geeignet sind und sich mühelos biegen lassen.

Wem diese Art der Kranzherstellung gefällt, sollte mit besonderer Aufmerksamkeit durch die Natur gehen. Auf Spaziergängen begegnen uns dann die Ranker, Schlinger oder Kletterer. Oft sind diese schon so vollendet geformt, dass, schneidet man sich einen entsprechenden Abschnitt aus dem Gezweig heraus, nur wenig nachgeholfen werden muss, um ein wirklich außergewöhnliches Kranzexemplar herstellen zu können (Binden eines Kranzes s. Seite 30).

Beim Material sammeln ist darauf zu achten, dass es sich um Wildwuchs handelt. Der sogenannte Baumwürger (sein Name sagt schon alles) kann ruhig etwas dezimiert werden. Auch Knöterich und Jelängerjelieber sind im Freiwuchs und in den Gärten weit verbreitete Schlingpflanzen. Ihnen kann ruhig etwas Einhalt geboten werden. Mit ein wenig Geschick und Phantasie kommt man bei diesen Kranzarbeiten zu guten Ergebnissen.

Osterkarussell

Das Osterkarussell erinnert in seinem Grundgestell aus Birkenästen an den Unterbau von aufstellbaren Vogelhäuschen.

Ist der Ständer und der Birkenreisigkranz erst einmal hergestellt, macht es großen Spaß, alles daran zu hängen, was sich nur aufhängen lässt. So sind an erster Stelle die Ostereier zu nennen. Durch die Bandfarbe Maigrün, Gelb und Orangerot, das Dunkelbraun des Birkenreisigs und das silbrigbraune Geäst der Birke ist bereits eine Farbkombination vorgegeben, die sich teilweise in den Eierfarben, Kordelschmuck, Steckzwiebeln und kleinen Heukränzen wiederfindet. In starkem Kontrast dazu stehen die satten Blautöne einiger Eier. Sie steigern besonders die Leuchtkraft der Gelb- und Orangetöne (Abb. Seite 28).

Alle hängenden Schmuckteile sind auf Garten- oder Tomatenschnur aufgefädelt und angebunden. Diese Schnüre haben eine unauffällige grüne Farbe. Sie sind in Gartenfachmärkten unter der genannten Bezeichnung recht preiswert auf Rollen zu 90 m und 250 m erhältlich. Selbstverständlich ist auch jeder andere Faden aus Wolle, Garn oder Bast, um nur einige Varianten zu nennen, geeignet.

Doch zunächst sei erst einmal die Herstellung des Ständers beschrieben:

Material
- 3 Birkenäste von etwa 3 cm Durchmesser und 1,30 m Länge für die senkrechten Stützen
- 3 Birkenäste von ungefähr 70 cm Länge mit einem geringeren Durchmesser für die Querstäbe
- 3 m Kokosstrick
- 1 Rolle Wickeldraht
- Schere und Kneifzange

Anleitung
Die drei langen Birkenäste werden im Dreieck gespreizt aufgestellt, so dass sie oben in einer Höhe von 1,00 m zusammentreffen und jeder Ast noch 30 cm über diesen Punkt hinausragt. Die überstehenden drei Äste müssen deshalb so lang sein, weil auf ihren Enden später der Birkenreisigkranz ruht. Mit vielen Wickeldrahtwindungen werden die Äste am Kreuzungspunkt fest zusammengebunden. Sind alle Standbeine in gleichem Abstand zueinander ausgerichtet, werden in einer Höhe von 25 cm Querstäbe zwischen die senkrecht stehenden Äste gebunden. Dabei überschneidet jede Querstütze um einige Zentimeter die Standbeine. Nachdem die Konstruktion ins Lot gestellt worden ist, werden alle Drahtbindestellen großzügig mit Kokosstrick umwickelt. Das sieht in Kombination mit dem Birkengeäst rustikal aus und verdeckt die sich darunter befindenden Verdrahtungen.

Anschließend wird der Durchmesser des Birkenreisigkranzes bestimmt, wobei der Abstand der oben sich gegenüberliegenden Birkenastenden berücksichtigt werden muss. Danach kann mit dem Kranz binden begonnen werden.

Kranz aus Birkenreisig

Für den Birkenkranz, in der Größe passend für das Osterkarussell, ist ein großer Arm voll von elastischen Birkenzweigen in einer Länge von 30 bis 70 cm notwendig.

Wenn keine Quelle zur Beschaffung der benötigten Materialmenge zur Verfügung steht, dann lässt sich ersatzweise auf einen gekauften Strohkranz mit dem erforderlichen Durchmesser zurückgreifen. Der Kranz dient dann als Grundform und braucht nur noch mit den Birkenzweigen ringsherum dicht umlegt zu werden. Mit Hilfe eines Wickeldrahtes wird das Material fest aufgebunden. Sollte an einigen Stellen doch einmal das helle Stroh durchscheinen, so genügt es, einige kürzere Birkenzweige zwischen das Aufgebundene zu schieben, um den Bereich zu kaschieren.

Sind ausreichend viele Birkenzweige vorhanden, dann gibt es eine zweite Möglichkeit, den Kranz herzustellen. Als Grundlage dient ein Reif, geformt aus Weidenruten, Haselnuss, Flieder oder einem anderen biegsamen Gehölz. Die ausgewählten Ruten lassen sich leichter in Ringform bringen, wenn man sie zuvor für einige Stunden ins Wasser gelegt hat. Dann können sie mit Daumen und Zeigefinger beider Hände durch sanften Druck in die gewünschte runde Form gebogen werden (Abb. Seite 30).

Ist die Größe festgelegt, können Anfang und Ende übereinander geschoben und fest miteinander verbunden werden.

Bei einem Ringdurchmesser von 40 cm muss die Gerte mindestens 150 cm lang sein. Weitere Ruten können zur Verstärkung des Ringes hinzugenommen werden. Selbstverständlich kann anstatt der Grundform aus Zweigen auch ein stabiler Metallring verwendet werden.

Nun wird der Wickeldraht an der Grundform befestigt und zwar so, dass der Draht beim Binden von der Ringmitte nach außen über das aufzubindende Material geführt werden kann (Abb. Seite 30).

Liegt der Kranz vor uns, beginnen wir linksseitig. Die linke Hand hält die zu kleinen Bündeln zusammengefassten Birkenzweige fest und die rechte führt den Wickeldraht in lockeren Windungen im Abstand von ungefähr 3 cm darüber.

Im Verlauf des Bindens werden die Reisigbündel in gleichmäßiger Folge entgegen dem Uhrzeigersinn rings um den Ring aneinander gelegt und befestigt, so lange, bis er vollständig damit bedeckt ist. Dieser Vorgang wird wiederholt, denn während des ersten Bindedurchgangs hat der Kranz sicher

Das Osterkarussell, auf Seite 27 bis 31 beschrieben, wurde hier auf einen Torpfosten gesetzt.

Vorfreude auf Ostern

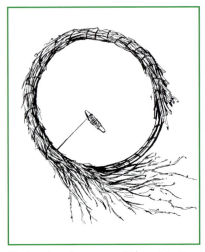

Binden eines Kranzes aus Birkenreisig. Er wird gegen den Uhrzeigersinn und von innen nach außen gebunden. Die linke Hand hält das Reisig, die rechte zieht den Draht in festen Windungen über das angelegte Material.

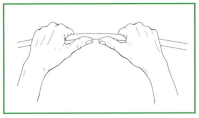

Biegen einer Weidengerte durch sanften Fingerdruck.

noch nicht die gewünschte Stärke erlangt. Beim letzten Wickelvorgang den Draht nur noch in großzügigen Windungen um den Kranzkörper führen, damit die jungen Kätzchentriebe die Möglichkeit haben, sich auszubreiten. Ist die gewünschte Kranzkörperstärke erreicht, sollte der Wickeldraht gut gesichert werden.

Zum Schluss noch ein Hinweis: Durch längeres Liegen kann die Elastizität des Birkenreisigs etwas nachlassen. Es erhält seine Biegsamkeit jedoch wieder, wenn es vor der Verarbeitung einige Stunden ins Wasser gelegt wird.

Schmuck für das Osterkarussell

Eier anmalen ist bei Kindern eine beliebte Beschäftigung in der Vorosterzeit. Doch leider haben ausgepustete Eier ihre Tücken. Eine kleine Unachtsamkeit und schon bricht das winzige Kunstwerk zusammen. Nicht selten fließen Tränen. Trotz aller Vorsichtsmaßnahmen kann dasselbe Malheur auch Erwachsenen passieren.

Um diese Enttäuschungen zu vermeiden, empfiehlt sich die Verwendung von Watteeiern. Sie sehen den Natureiern nach dem Bemalen sehr ähnlich. Watteeier sind eine gute Alternative, auch für Leute, die aus gesundheitlichen oder ethischen Gründen auf Hühnereier verzichten wollen. Zum Bemalen der abgebildeten Ostereier wurden Acrylfarben auf Wasserbasis und Feinhaarpinsel von unterschiedlicher Stärke verwendet.

Material
- 20 bis 30 bemalte Ostereier, hier Watteeier
- 1 Rolle Tomaten- oder Gartenschnur
- 1 Sortiment bunter Holzkugeln
- 1 Beutel Steckzwiebeln
- Zahnstocher

Osterkarussell

- 1,50 m Band mit Drahtkanteneinlage von 4 cm Breite
- 2,50 m Kordel
- 7 bis 10 Steckdrähte von 30 bis 35 cm Länge für Gebilde aus Heu
- 1 lange, großösige Stopfnadel
- 1 Rolle Myrtendraht oder Zwirn

Anleitung
Immer wenn ein paar Eier fertig bemalt und getrocknet sind, werden sie mit Hilfe einer langen Nadel auf einen Faden aufgefädelt. Farblich passende Holzkugeln von 8 bis 14 mm Durchmesser verdecken die Löcher an der Eispitze und am Eiboden. Tipps zum Auffädeln sind auf Seite 119 zu finden.

Zum Eierschmuck gesellen sich am Reisigkarussell noch aufgefädelte Steckzwiebeln. Sie werden in Gartencentern beutelweise recht günstig angeboten. Zu Ketten aufgefädelt stellen sie zum lebhaft bunten Eierschmuck einen Ruhepol dar. Der Faden wird nicht durch Spitze und Wurzelboden gezogen, sondern quer durch die Zwiebeln, so dass die Spitzen frei nach allen Seiten gedreht werden können. Haben sich an einzelnen Zwiebeln bereits kleine grüne Austriebe gebildet, so ist das ein Hinweis auf das in ihnen schlummernde Leben.

Die kleinen Heuringe oder auch Heuherzen lassen sich leicht herstellen. Eine dünne Heuschicht wird ringsherum und fortlaufend um einen 30 bis 35 cm langen, biegsamen Draht gelegt und mit einem sehr dünnen Rollendraht (Myrtendraht) oder Zwirn festgebunden. Bevor das Heustück in die gewünschte Form gebogen wird, bleibt ein kleines Stückchen des Drahtes am Ende frei, das in das mit Heu umwickelte Anfangsstück geschoben wird. Dann wird die Stelle, an der die beiden Enden ineinander übergehen mit Myrtendraht gesichert. Zum Schluss, müssen überstehende oder nicht erfasste Grasspitzen abgeschnitten werden, damit die Form klar umrissen zur Geltung kommt.

Der Bandschmuck für den Birkenreisigkranz hat an seinen Rändern eine Drahteinlage und lässt sich dadurch gut formen und in bogigem Verlauf über den Kranz führen.

Zuvor wurde der Kranz mit einer orangebraunen Kordel locker umwunden. Als zusätzlichen Schmuck erhält er noch viele kleine Zwiebeln, die, auf Holzzahnstocher aufgesteckt, unregelmäßig verteilt werden. Schiebt man die Zahnstocher etwas schräg zwischen die Birkenzweige, fallen sie auch nicht herunter. Je mehr Dekorationsobjekte am Kranz hängen, um so sorgfältiger muss man aus einiger Entfernung überprüfen, welche Freiräume noch ausgefüllt werden müssen, um eine ausgewogene Verteilung zu erzielen.

Der Karussellschmuck kann sich nach und nach entwickeln. Er muss nicht an einem Tag fertiggestellt werden, sondern kann je nach Lust und Ausdauer immer wieder eine Erweiterung oder Änderung erfahren.

Das abgebildete Eierkarussell fand besondere Bewunderung, als es auf dem Torfposten einer Eingangstür abgesetzt wurde (Abb. Seite 29). Dem Zufall war es zu verdanken, dass die Maße genau passten.

Stiefmütterchen im Clematis-Gerank

Für ein modernes Wohnambiente wurde dieser originelle Osterschmuck kreiert. Die Grundidee dazu wurde durch den Anblick von trockenem Gerank einer Clematis, einer beliebten Kletterpflanze für den Garten, angeregt. Die Clematis sollte zum Ende des Jahres oder zu Beginn des Frühjahrs ausgeschnitten werden. Anstatt den Rückschnitt wegzuwerfen, kann daraus die Grundform eines kugelförmigen Dekorationsgebildes angefertigt werden (Abb. links).

Das transparent wirkende Objekt hätte auch als hängender Osterschmuck gestaltet werden können. Doch stand bereits seit längerem ein Ständer mit steinernem Fuß zur Verfügung, der auf eine neue Verwendung wartete. Die Anfertigung des Ständers ist denkbar einfach. Man benötigt einen Stein mit einer glatten Unterseite, die plan auf dem Boden aufliegt. Der hier verwendete Stein besitzt die Maße 16 × 16 × 9 cm. Mit einem Steinbohrer muss nun nur noch ein 3-5 cm tiefes Loch in die Steinmitte gebohrt werden, das dem Durchmesser der Metallstange entspricht.

Die hier in Abstimmung auf den Stein gewählte Stange ist 1,20 m lang und hat einen Durchmesser von 8 mm. Die Spitze der Eisenstange wird über Kreuz eingekerbt. Mühelos kann dann die Gerankkugel mit Hilfe eines dünnen Drahtes daran befestigt werden.

Ist die Grundkonstruktion fertiggestellt, wird mit dem Schmücken begonnen. Als besonderer Akzent leuchten die Stiefmütterchenblüten wie kleine strahlende Gesichter aus dem Gerank hervor. Sie scheinen zu schweben. Das Geheimnis, wie sie dort tagelang frisch bleiben, lüftet der nächste Abschnitt.

Material
- 6–8 Reagenzgläser oder besser kleine Trichtergläser, 10 cm groß, 3 cm ⌀
- 12–16 Steckdrähte von 30 cm Länge
- 1 Rolle grünes Abwickelband auf Kautschuckbasis (Guttacoll)
- 1 Rolle rot-gelb-blau zusammengedrehte Packkordel von 2,50 m Länge, in Baumärkten zu finden
- mehrere Ketten aus kleinen bunten Holzeiern
- gelbe und blaue Stiefmütterchen; je nach Blütengröße 1 bis 3 Stück pro Glas

Anleitung
Zuerst wird die Kordel locker um und durch das Gerank geführt. Anfang und Ende werden zum Schluss in das Rankwerk gesteckt und bedürfen keiner weiteren Befestigung. Dann werden in unterschiedlichen Längen die Eierketten ringsherum und im Kugelinneren an die stärkeren Verzweigungen geknotet. Das Eierbandende lässt sich aber auch mit einem dünnen Draht umwickeln und zu einem Ha-

Stiefmütterchen und Ostereierketten setzen zierliche Farbakzente in das Clematisgerank.

Vorfreude auf Ostern

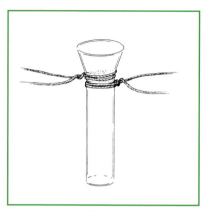

Zwei mit Kautschukband umwickelte Steckdrähte halten jeweils ein Glasröhrchen.

Drähte zweimal eng um den Hals des Glasröhrchens gewickelt. Die beiden Drahtenden werden fest miteinander verdreht. Danach biegt man sie auseinander und kürzt sie auf 5 cm. Mit dem zweiten Draht wird ebenso verfahren, nur entgegengesetzt. Die Drähte sind richtig montiert, wenn die Drahtenden zum Schluss wie kleine ausgebreitete Flügel rechts und links zur Seite abstehen (Abbildung links). Dank dieser Methode lassen sich die schmalen Röhrchen sicher und leicht im Inneren des Clematisgeranks einhängen. Zuvor wird Wasser eingefüllt und die Stiefmütterchen werden hineingestellt. Die Tranparenz des Glases bewirkt, dass die kleine technische Raffinesse erst bei genauem Hinsehen auffällt. Da die Reagenzgläser nur eine geringe Wassermenge aufnehmen können, muss der Wasserstand öfter kontrolliert und aufgefüllt werden. Eine Tüllengießkanne ist hierfür bestens geeignet. Sie bietet den Vorteil, dass die Röhrchen an ihrem Platz hängen bleiben können.

ken umbiegen. Auf diese Weise kann die Kette überall leicht eingehängt werden.

Die Glasröhrchen sind sehr dünnwandig und es erfordert ein wenig Fingerspitzengefühl, damit sie beim Befestigen des Drahtes nicht zerbrechen.

Zuerst wird der Steckdraht mit dem Kautschukband (Abbildung und Anleitung Seite 119) fest umwickelt. Pro Röhrchen benötigt man zwei Drähte. Der Drahtanfang sollte ungefähr 8 cm weit frei bleiben. Dann wird einer der

Die starke Farbigkeit und die schwebende Leichtigkeit des Rankwerkes ergeben eine harmonische Einheit.

Palmsonntag und sein Festtagsschmuck

Der Palmsonntag leitet die Karwoche ein, die früher auch als »stille Woche«, weil alle Arbeit ruhte oder als »Heilige Woche« bezeichnet wurde. Zur Erinnerung an den Einzug Jesu in Jerusalem wird seit dem 6. Jahrhundert der Palmsonntag gefeiert.

Seinen Namen hat dieser Tag von den Palmenzweigen erhalten, welche von der jubelnden Menschenmenge auf den Weg vor Jesus gelegt wurden, bei seinem Einzug in Jerusalem. Weil er als Befreier angesehen wurde, der das Volk der unterdrückten Juden von den Römern erlösen sollte, wurde er auf diese Weise geehrt. Es war ein Tag der Freude und der Hoffnung. Dieser freudigen Erwartung auf die Erlösung wird heute noch in manchen Orten durch die Palmprozession und die Palmenweihe in der katholischen Kirche Ausdruck verliehen.

Weil die unter südlicher Sonne wachsenden Palmen in unseren Regionen nicht heimisch sind, nimmt man hier statt dessen Zweige der Salweide *(Salix caprea)*, welche der Volksmund als Weidenkätzchen oder Palmkätzchen bezeichnet. Diese Kätzchenzweige werden zusammen mit Zweigen von Buchsbaum, Eibe, Haselnuss, Stechpalme und Wacholder zu Sträußen zusammengebunden. Man nennt diese Sträuße »Palmen«, »Palmwisch«, »Palmwedel« oder »Palmbuschen«. Sie werden mit Bändern, Eierketten, Flitter, Herzen und Kreuzen, sowie mit allerlei Essbarem wie zum Beispiel Äpfeln, Brezeln oder figürlichen Backwaren (Gebildbrote) phantasievoll geschmückt (siehe Abbildungen Seite 2 und 13).

Im Laufe der Jahre haben sich die »Palmen« in den verschiedenen Landschaften zu unterschiedlichen Schmuck- und Gebindearten entwickelt. So wurden zum Beispiel lange Stangen, die zumeist aus Haselnussgerten, Weidenästen oder geschälten Fichtenstämmchen bestanden, mit Efeu-Ranken, allerhand Immergrünarten wie Buchsbaum, Stechpalmen und Koniferenästen umwunden und mit einem Palmkätzchen-Buschen gekrönt. Wahre Prachtexemplare entstehen auch noch heute im Wetteifer zwischen den Dorfbewohnern in katholischen Gebieten.

Palmsonntag

Früher galt der Träger eines geweihten Palmbuschen als unverwundbar, so stark war der Glaube an die davon ausgehende Kraft. Zur Weihe werden am Palmsonntag die reich geschmückten »Palmbäume«, wie sie auch genannt werden, in die Kirche getragen. Man glaubte, der »Palmwisch« werde besser geweiht, wenn er auf einem langen Haselnussstock sitzt und recht hoch gehalten wird, und seine Abwehrwirkung gegenüber künftigem Unheil sei damit größer. Vorher musste allerdings die Haselnussrinde abgeschält werden, damit sich zwischen Splintholz und Rinde kein Hexengesindel verbergen konnte.

Man versprach sich von den geweihten Palmen Schutz vor Feuer und Blitz, wenn man sie vor das Haus oder in den Garten stellte. Einzelne geweihte Zweige wurden und werden heute noch hinters Kreuz im Herrgottswinkel gestellt oder im Stall an einem gut beachteten Platz aufbewahrt, um dadurch Unheil und Krankheit zu verhüten und Schaden abzuwenden.

Segen bringende Kräfte sollten von den in die Äcker gesteckten Palmen ausgehen. Man vertraute darauf, dass die gesegneten Palmbuschzweige ihre

Eine große Palmstange für eine Prozession am Palmsonntag, mit Eierketten und Grünbuschen prächtig geschmückt.

Rechte Seite: Der kleine Palmbuschen mit Buchs und einzelnen Ostereiern wurde auf einer Styroporkugel aufgesteckt und mit Bändern verziert.

Palmstange

Lebenskraft an alles weitergaben, was mit ihnen in Berührung kam. Diese »Lebenskraft-Übertragung« ist eng mit dem Fruchtbarkeitszauber alter Naturreligionen verbunden. Im Frühling wurden Mensch und Tier mit jungen Rutenzweigen geschlagen, um durch diese Handlung das in den Zweigen schlummernde Geheimnis zeugender Lebenskraft weiterzuleiten.

Palmstange mit Kätzchen

So wie die Eier, das Nest und der Hase Symbole für das Osterfest unserer Zeit geworden sind, so ist die Weihe der Palmen in den katholischen Gemeinden zum Palmsonntag nicht fortzudenken. An diesem Sonntag wird alles zur Weihe getragen, vom einzelnen Kätzchenzweig bis hin zu den prächtigen, kunstvollen und mannshohen Palmstangen.

Welche Form, Größe, Bindegrünzusammenstellung und Schmuckmittel die Palmen vergangener Zeit prägten, war abhängig von den Menschen und ihrer religiösen Einstellung, sowie von ihrer Mentalität, vom Rang und Stand in der Gesellschaft, von ihrem Traditionsbewusstsein, von der Landschaft, in der sie wohnten und von der heimischen Flora.

Wir greifen den Brauch auf, zum Palmsonntag einen Palmschmuck anzufertigen.

Die Zeichnung Seite 39 zeigt eine Palmstange, wie sie in den 30er Jahren zur Weihe in die Kirche getragen wurde. Der Papierschmuck um den Stab ist sehr reizvoll und volkstümlich.

Wer Spaß daran hat, kann ihn leicht selbst zurechtschneiden (siehe Abbildung Seite 40).

In Anlehnung an die nostalgische Palmstange ist auf der Abbildung Seite 38 eine Variante in rotweißen Tönen zu sehen. Breiter Bänderschmuck, Buchsbaum- und Koniferengrün, Kätzchenzweige und kleine Filzhähne prägen die Gestaltung.

Die Kätzchenzweige sind mit der Heißklebepistole auf eine Papprolle geklebt worden, die zuvor mit rotem Krepppapier umwickelt wurde. So heben sich die silbrigen Kätzchen und ihre dunklen Zweige recht wirkungsvoll ab.

Der Stab ist ebenfalls mit einem schmalen roten Krepppapierstreifen umwickelt. Anschließend ist in diagonalem Verlauf ein weißes Band darüber geführt. Auch diese Art, einen Stab zu verzieren, war schon früher üblich. Mit ein wenig Geschick ist diese Palmstange leicht nachzuarbeiten.

Palmsonntag

Zum Nacharbeiten: Eine Palmstange als festlicher Raumschmuck in Rot, Weiß und Grün.

Palmstange als Raumschmuck

Material
- Stab, etwa 60 cm lang
- Besenstiel oder glattrindiger Gehölzast
- Holzscheibe 0,5 cm stark, 10 cm ⌀ oder feste Pappe
- Nägel
- »knety«-Rolle, Steckmasseblock oder Gips erfüllen den gleichen Zweck
- weißer Keramiktopf, etwa 18 cm hoch, 22 cm ⌀
- Polstermoos, auch andere Moosarten oder »Osterwolle«
- Papphöhre 26 cm lang, 10 cm ⌀
- Klebstoff oder Heißkleber
- 1 Rolle rotes Krepppapier
- 1 Rolle weißes Schleifenband, 3 cm breit
- 1 Rolle rotes Schleifenband, 2 cm breit
- 40 Stiele voll besetzter Kätzchenzweige, 26 cm lang
- 10 bis 12 Kätzchen- und etwa 10 Buchsbaumzweige sowie je etwa 6 Stiele Koniferengrün und Birkenreiser, 20 bis 50 cm lang
- etwa 12 Stiele Buchsbaum, 10 bis 15 cm lang
- Wickeldraht, Bast oder Bindfaden
- 12 Steckdrähte 12/30
- 7 weiße Filzhähne von etwa 5 cm Größe (gibt es in Dekoabteilungen)

Anleitung
Den Stab oben gerade absägen und unten zu einer Spitze anschrägen. Die Holzscheibe oben in die Mitte auf den Stab nageln. Den Keramiktopf mit einem der aufgeführten möglichen Ma-

Palmstange

Eine Palmstange nach altem Vorbild mit Weidenkätzchen und Grünmaterial. Zur Umkleidung des Stabes siehe Seite 40.

terialien füllen, die der Stange Standfestigkeit geben sollen. Die Stangenspitze dann hineinversenken, so dass sie in der Topfmitte sicher und fest steht. Moos zum Verdecken des Füllmaterials darauf verteilen.

Einen Rand der Papprolle mit Klebstoff bestreichen und auf die runde Scheibe pressen. Dabei ist zu beachten, dass der Papprollenrand exakt gerade geschnitten ist, sonst hält der schmale Rand nicht auf der Scheibe.

Vom Krepppapier einen 26 cm breiten und 38 cm langen Streifen schneiden, um die Rolle legen, dabei sanft straff ziehen, Anfang und Ende knapp übereinander greifen lassen und zusammenkleben.

Die langen Kätzchenzweige senkrecht parallel dicht an dicht rings um die Krepppapierröhre kleben. Dabei müssen die Kätzchen mit ihren Spitzen nach oben zeigen.

Die kürzeren Kätzchen, Buchs- und Koniferenzweige werden zu einem rundgebundenen Buschen (Strauß) in einer Höhe bis zu 45 cm und einer Breite bis zu 35 cm zusammengebunden. Der Buschen wird oben in die Röhre gesteckt. Dabei ist zu beachten, dass einige Zweige gefällig nach außen über den Papprollenrand ragen.

Die kurzen Buchsbaumstiele andrahten, und rings um den Stab direkt unterhalb der Pappröhre anordnen und ein wenig zur Seite biegen, dabei die Drahtenden parallel am Stab entlangführen, mit Wickeldraht festbinden und mit einem 5 cm breiten Krepppapierstreifen umwickeln; danach den Streifen spiralförmig am

Palmsonntag

Stab weiterführen und das Bandende festkleben.

Über das Krepppapier spiralförmig das weiße Band wickeln, so dass immer ein gleichmäßiger Zwischenraum von 3,5 cm mit rotem Papier bleibt. Mit dem schmaleren Band zwei üppige Schleifen von ungefähr 8 cm großen Schlaufen binden. Die Bandenden bis über den Topfrand hängen lassen.

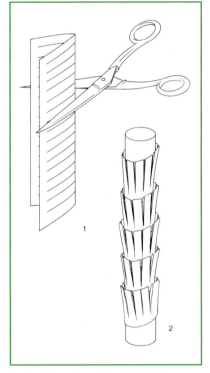

Papierschmuck zum Umwickeln des Palmstabes: Krepp- oder Geschenkpapier zu einem langen Streifen falzen. An der Falzseite dicht aneinander Schlitze einschneiden (1). Den Streifen spiralförmig um den Stab wickeln (2).

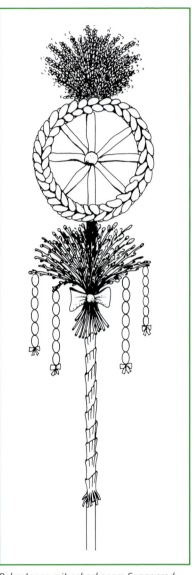

Palmstange mit gebackenem Sonnenrad, Kätzchen- und Buchsbaumbuschen geschmückt.

Die Schleifen sind mit Steckdraht zusammengenommen. Die freien Drahtstücke werden zwischen die Buchsbaumzweige an der Stange geschoben, so dass sie dort festsitzen.

Die Hähne sind meist mit einem dünnen Draht an den »Füßen« versehen und müssen nur noch in den Buschen zwischen das Grünmaterial gesteckt werden. Man kann den Draht auch einfach an einem Zweig festdrehen oder zusätzlich mit einem zweiten Draht verlängern, wenn der erste Draht zu kurz sein sollte. Fünf der weißen Hähne sind für den Buschen vorgesehen, die beiden anderen finden ihren Platz im Moospolster des Ziertopfes.

Zwei bis drei kurze Buchsbaumzweige werden an ihren Enden ein wenig angespitzt und in den Ziertopf durch das Polstermoos zu einem kleinen Buschen gesteckt. Zwei Hähne gesellen sich dazu. Diese kleine Anordnung ist ein Pendant zu dem auf der Papröhre thronenden Buschen.

Die Palmstange misst in ihrer Gesamthöhe 140 cm und ist als Blickfang im Wohnbereich gedacht. In ihrer Wirkung wird sie vor einem unifarbenen Hintergrund gesteigert. In Anbetracht der Höhe sollte sie möglichst so aufgestellt werden, dass man nicht zu sehr von unten auf das österliche Schmuckstück schaut. Stände das Schmuckobjekt beispielsweise auf einem Tisch, würde sich das Hauptaugenmerk immer zuerst auf die Stange konzentrieren und nicht auf die Gesamtgestaltung. Darum empfiehlt sich als Standort entweder der Fußboden oder ein flaches Podest.

Der Palmpaasch

In dieser speziellen Palmform (Abbildung Seite 42) ist ein altes Schriftzeichen der Germanen wiederzufinden, die Man-Rune. Sie gilt als Schutzamulett gegen Unholde und Unwetter.

Früher war es in ländlichen Gegenden üblich, in der Karwoche einen geschmückten »Palmpaasch« (Osterpalmen) an den Gartenzaun vor das Haus zu stellen (Abbildungen Seite 13, 36 und 37). Immergrüne Zweige von Koniferen, Kätzchenruten, Brezeln, Ketten mit gedörrtem Obst und ausgepustete Eier zählten zu den damals üblichen Schmuckmitteln.

Die überlieferte Form von einem Palmpaasch gibt uns vielerlei Anregung für ähnliche Exemplare. Doch zunächst muss das Gestell in Runenform hergestellt werden.

Gestell für den Palmpaasch

Material
- Stabiles, gerade gewachsenes Birkenstämmchen, 130 cm lang, ungefähr 4 cm ⌀
- weit auseinander stehende Birkenastgabel mit 40 cm langen Seitenarmen
- reichlich Buchsbaumzweige als Bindegrün
- 10 kleine Birkenzweige, 20 bis 30 cm lang
- 30 Birkenzweige, 40 cm lang
- Gips
- Tontopf, 35 cm ⌀
- Wellpappe oder Zeitungspapier
- Wickeldraht von der Rolle
- farbiges Wollband

Palmsonntag

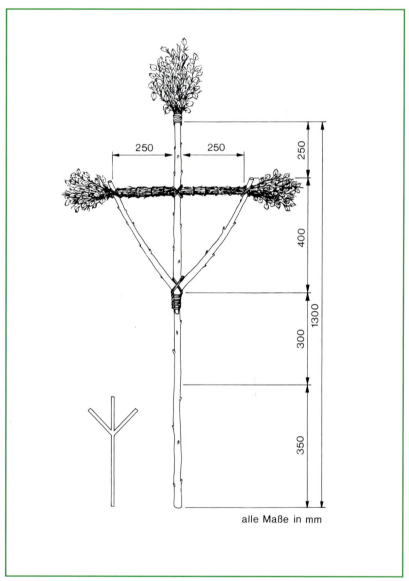

Das Palmpaasch-Gestell mit dem aufgebundenen Reisigwulst. Anleitung für den Bau siehe Seite 41 und 43.

Palmpaasch

Anleitung

Das Birkenstämmchen dient als Mittelstab für das Grundgestell. Zunächst wird die Astgabel mit Buchsbaumspitzen ringsherum von oben nach unten bebunden. Die vorbereiteten Zweigspitzen von ungefähr 10 cm Länge dicht an dicht und sehr gleichmäßig an den Stab legen und mit Wickeldraht festbinden. Die fertiggebundene Astgabel an den Mittelstab halten, so dass der Stab die Seitenarme um 25 cm überragt und mit Wickeldraht am Mittelstab festbinden.

Birkenreisig mit Draht zu einem Buschen binden und oben an den Birkenstab binden. Anschließend den Mittelstab in der gleichen Art und Stärke mit Buchsbaum bebinden wie die Seitenarme. Am unteren Stabende bleiben 35 cm frei für das Eingipsen in einen Topf.

Den Innenraum des Topfes zunächst mit dünner Wellpappe auslegen, um zu verhindern, dass der Topf zerspringt, da Gips sich beim Trocknen erwärmt und ausdehnt. Den Gips nach Herstellerangabe anmischen und in den Topf einfüllen. Bevor der Gipsbrei zu trocknen beginnt, den Stab des Palmpaasches hineindrücken und senkrecht ausrichten. Der gehärtete Gipsfuß kann dann später aus dem Topf genommen und in ein beliebiges, zur Dekoration passendes Gefäß gestellt werden.

Die Hälfte der Birkenzweige in einer Länge von 40 cm zu einem Bündel zusammennehmen. Die Spitzen dabei 15 cm buschig auseinander stehen lassen und von da an Zweige locker mit Wickeldraht umschlingen und zu

Ein Palmpaasch in Form eines Rades am Gartenzaun sollte die bösen Geister fernhalten.

einem 25 cm langen Wulst formen. Zwei solcher Bunde sind zu fertigen. Beide Wülste mit den Enden einige Zentimeter ineinander schieben und mit Wickeldraht festbinden. Dabei sollen rechts und links die aufgelockerten Buschen nach außen zeigen.

Diesen Birkenreisigbalken waagerecht von hinten etwas unterhalb der Astgabelspitzen an den mit Buchs bebundenen Mittelstab halten und mit Wickeldraht festbinden. Darauf achten, dass dabei nicht zu viele kleine Buchsbaumblättchen eingequetscht werden. Danach den Balken knapp unterhalb der Astgabelspitze ebenfalls am Mittelteil befestigen.

Die Bindestellen kann man mit Schmuckfäden oder Band, kreuzweise gewickelt, überdecken. Das fertige Paasch-Gestell kann nun beliebig geschmückt werden. Das nachfolgende Beispiel soll als Anregung dienen.

Palmpaasch mit roten Hähnen

Material
- Gurkentopf oder anderen Keramiktopf, z. B. rustikalen Blumenübertopf
- Heu, Stroh, Gras oder farbige Holzwolle
- 10 ausgeblasene, rotgefärbte Eier
- 3 bis 5 rote Ostereier
- 10 große rote Holzperlen
- 20 ungekochte Makkaroni in Stückchen von 2 bis 3 cm Länge
- dünner Wollfaden
- schmales rotes Band
- 2 Drähte 14/35
- Sperrholz oder Pappe

Anleitung
Den eingegipsten Palmpaasch in den vorgesehenen Topf stellen und die Gipsmasse mit Heu, Stroh oder ähnlichem Material verdecken. Die roten Ostereier darauf legen. Aus Sperrholz oder Pappe drei Hähne in 20 bis 25 cm Größe anfertigen und rot bemalen. Einen Hahn unten vor den Mittelstab ins Heu stellen.

Oben: Nach diesem Muster ist es nicht schwierig, Hähne aus Pappe oder Sperrholz zu arbeiten. Der Fuß des Hahnes wird zur Befestigung gedrahtet.

Rechts: Palmpaasch mit roten Hähnen.

Die beiden weiteren Hähne am Fuß mit Draht versehen und auf den Enden der Astgabel befestigen (siehe Abbildung). Dazu die Drahtenden so in den Buchsbaum schieben, dass die Drähte noch um den Ast gebogen werden können und die Hähne oben auf den Astgabelspitzen festsitzen.

Vier Schmuckketten aus Eiern, Kugeln und Makkaroniröhrchen in abwechselnder Reihenfolge, wie auf dem Foto zu sehen ist, herstellen. Eine Stopfnadel erleichtert dabei das Auffädeln. Ein rotes Schleifchen unten als

Palmsonntag

Palmstock mit gelbem Hahn.

Abschluß an den Faden binden, so können die aufgefädelten Schmuckteile nicht von der Schnur rutschen.

Je eine längere und eine kürzere Eierkette rechts und links an den waagerechten Armen des Palmpaasches befestigen.

Palmstock mit gelbem Hahn

In ihrer geschlossenen Umrissform sind sich die Palmstange von Seite 38 und der Palmstock ähnlich. Allerdings wurde die Palmstange mit Kätzchen überwiegend in Klebearbeit hergestellt. Dagegen entsteht dieser Palmstock durch das Bebinden einer Stange mit Koniferenzweigen.

Koniferen sind Nadelgehölze, zu denen nicht nur Tannen, Fichten und Kiefern gehören, sondern insbesondere auch kleinwüchsige Nadelgehölze, die als beliebte immergrüne Ziergehölze oft in den Hausgärten zu finden sind. Dazu zählen beispielsweise alle Wacholder und Scheinzypressen mit vielen Arten und Sorten. Ältere Pflanzen, etwa ab dem fünften Jahr nach der Pflanzung, lassen sich gut beschneiden, so dass sich jeder floristisch interessierte Gartenbesitzer glücklich schätzen kann, wenn er über einen eigenen kleinen Bestand verfügt, der zur Selbstversorgung reicht.

Für den Palmstock wurde eine Scheinzypresse mit gelben Spitzen (*Chamaecyparis lawsoniana* 'Kelleris Gold') ausgesucht. Die geschnittenen Zweige trocknen nach einiger Zeit zwar ein, nadeln aber nicht. Sie verlieren dabei ihr frisches Aussehen, aber ohne unansehnlich zu wirken. Darum

Palmstock

kann man den Palmstock auch schon gut ein paar Tage vor dem Palmsonntag anfertigen, da er ja ohnehin über einen längeren Zeitraum schön bleibt.

Besondere Freude werden Kinder haben, wenn sie die gelben, essbaren Schaumostereier zusammen mit den grünen Holzperlen auffädeln dürfen. Die kleinen Küken sind aus Pappe ausgeschnitten und können leicht nachgearbeitet werden. Größere Kinder können mit der Laubsäge einen gelben Gockel aus Sperrholz für die Palmstangenspitze aussägen.

Natürlich kann der Palmstock auch aus Buchs gebunden werden oder aus anderem Grünmaterial, das sich für mindestens zehn Tage frisch hält.

Arbeitsanleitung für den Palmstock

Material
- 1 Rundholz in Besenstielstärke, 120 cm lang
- gelbe Plakafarbe oder Lackfarbe
- gelbliche Scheinzypressenzweige
- Wickeldraht
- ein Stück Sperrholz oder Pappe
- 3 Drähte, 30 cm lang
- 6 Drähte, 15 cm lang
- Alleskleber oder Klebestreifen
- 1 Beutel weiche, essbare Schaumostereier in bunter Mischung
- grüne Holzperlen, 1 cm ⌀
- dünner Bindfaden
- etwa 2,5 m gelbes Schleifenband, 3 cm breit

Anleitung
Den Stock gelb anstreichen und trocknen lassen. Zypressenzweige auf 10 bis 15 cm zurechtschneiden.

Die Zweigspitzen senkrecht gehalten einmal um die Stielspitze herumlegen und mit Wickeldraht durch drei fest angezogene Umwicklungen im unteren Drittel der Zweige anbinden. Die nächste Reihe wird so angelegt, dass die Drähte der vorherigen Reihe verdeckt sind und ein »drahtloser« Übergang entsteht. Das wiederholt sich, bis das Gebundene ungefähr 35 cm lang ist. Für die letzte Koniferenreihe müssen die Zweige ganz kurz geschnitten angelegt werden und sich dabei fast waagerecht nach außen neigen, damit keine Zweigstiele zum Bindeschluss am Stab sichtbar sind, eventuell letzte Bindung mit Schmuckband umwickeln.

Von den Schaumostereiern nur die gelben Eier heraussuchen und diese in einer rhythmischen Folge zwei Eier, eine Holzperle, ein Ei, eine Holzperle, zwei Eier, eine Holzperle usw. auffädeln.

Die fertige Eierkette im schrägen Verlauf locker um den bebundenen Koniferenstab winden, dabei die Kette oben an der Stabspitze und kurz unterhalb des bebundenen Stabendes festknoten.

Aus Sperrholz oder Pappe einen Hahn von 20–25 cm Größe und sechs Küken schneiden und gelb anmalen.

Um den Fuß des Hahnes einen 30 cm langen Draht so anlegen und festdrehen, dass zwei gleichlange Drahtenden übrig bleiben. Sie werden von oben in das Koniferengrün gesteckt. Die Drahtgabelung spreizt sich dabei auseinander und gibt dem Hahn einen sicheren Stand auf der Palmstangenspitze.

Palmsonntag

Die Drähte an einem Ende zu einem kleinen Haken umbiegen, am einfachsten über einem Bleistift, dann die Rückseite der Küken in der Hakengröße mit Kleber bestreichen und den Draht festkleben oder mit Klebefolie befestigen. Dann die Drähte am Ende mit einer Kneifzange anspitzen und rings um die Palmstange verteilt in das Gebundene stecken.

Schleifenband zu einer üppigen Schleife zusammennehmen, dabei Anfangs- und Endband fast so lang wie die Stablänge herunterhängen lassen. Die Schleife an einer »Gabel« andrahten (Seite 118 und 121) und von unten in das Gebundene hineinschieben. Die Schleife verdeckt gleichzeitig den unteren Abschluss des Palmstockes.

Der Palmstock kann in ein mit gelben Osterglocken *(Narcissus pseudonarcissus)* bepflanztes, eimerartiges Gefäß gestellt werden und als Raumschmuck auf das Osterfest einstimmen.

Palmbuschen vor der Haustür

Ein Holzrechen, wie er früher zum Heuen benutzt wurde, wird mit einem »Buschen« zu einem schönen, bäuerlich wirkenden Osterschmuck herausgeputzt.

Die Blumen im abgebildeten Beispiel sind Kunstblumen. Es mag über die Verwendung von künstlichen Blumen unterschiedliche Meinungen geben. Da der Palmbuschen im Freien als Vorbote auf das bevorstehende Osterfest aufgestellt werden und möglichst lange halten soll, muss der Schmuck dauerhaft sein. Deshalb sind auch Band und Eier aus Kunststoff. Sie überstehen wie das Koniferengrün und die Mahonienblätter Regenfälle ebenso wie Trockenheit. Für die abgeschnittenen hartlaubigen und tannenähnlichen Pflanzenteile bringt die in dieser Jahreszeit noch auftretende Nachtfeuchtigkeit eine Auffrischung und Belebung ihres Aussehens. Schnittblumen wie Tulpen und Narzissen würden zu leicht welken und sich über Nacht nicht ausreichend erholen können, um tagsüber stramm auf ihren Stielen zu stehen. Deshalb wurden Kunstblumen verwendet.

Die Dörrpflaumenkette würde nach dem Kontakt mit Regenwasser abfärben. Deshalb muss sie vorher mit einer Brause tüchtig abgespritzt werden, um einer Verschmutzung durch heruntertropfendes, gefärbtes Wasser auf die Blumen, auf das Band oder gar auf den Fußboden (Fliesen, Platten) vorzubeugen. Durch die Vorbehandlung wird die natürliche Farbe des Obstes abgewaschen und die Ausfärbung unterbleibt.

Wenn ein Holzrechen nicht aufzutreiben ist, lässt sich ein Palmenbuschen auch an einen Reisigbesen montieren. Für diese Besen werden meist Birkenreiser verwendet und so ist es praktisch, diesen Besenteil gleich in die Buschengestaltung mit einzubeziehen.

Rechts: Palmbuschen an einem Rechen mit Backpflaumenkette, Eiern, Tulpen und Narzissen.

Palmsonntag

Es sieht nicht schön aus, wenn oben die Besenreiser als Bündel vorstehen und erst darunter der Osterbuschen am Stiel festgebunden ist. Da Birkenzweige immer zum Buschen gehören, bietet sich solch ein Besen geradezu an, ihn als Osterbuschen zu verwenden. Man braucht dann nur die immergrünen Zweige in beliebiger Zusammenstellung um die zum Besen zusammengefassten Birkenreiser zu legen und festzubinden. Eine üppige Schleife mit lang herabfließenden Bändern akzentuiert die Bindestelle. Ausgepustete Eier an die Zweige gehängt, sind ein Schmuck, der nicht viel Aufwand macht. Hierbei sind dem persönlichen Geschmack keine Grenzen gesetzt. Als übernommenes Erbe aus früheren Zeiten können aber auch Dörrobstketten zwischen die Birkenreiser geführt werden. Durch diese urtümliche Art des Schmuckes erhält der Besenbuschen ein rustikales Aussehen.

Anleitung für den Rechen mit Palmbuschen

Material
- Holzrechen
- 1 Beutel Backpflaumen
- 1 Rolle Wickeldraht
- etwa 5 Stiele verzweigter Birkenreiser, 40 cm lang
- 3 Osterglocken und
- 4 cremegelbe Tulpen (Kunstblumen)
- etwa 10 verschiedene Koniferenzweige, 30 bis 50 cm lang
- 3 Mahonienzweige
- nichtrostende Drähte
- 6 gelbe Eier mit Kordelaufhängung
- wasserfestes gelbes Schleifenband

Anleitung
Den Wickeldraht am Anfang schräg abkneifen und die Pflaumen zu einer 60 cm langen, leicht geschwungenen Kette aufreihen. Diese rechts und links, jeweils am letzten Holzzinken, befestigen.

Blumen und Zweige zu einer länglichen Straußform anordnen, wobei man mit den Birkenzweigen für die Spitze beginnt, dann die Koniferen- und Mahonienzweige kurz gefasst dazunimmt und dieses Grün zwischen die Blumen schiebt (siehe Abbildung Seite 49). Ein paar ausschwingende Koniferenäste schließen den Strauß zur Seite und nach vorne ab. Er erhält eine betonte Voreransicht, die Blumen werden deshalb nur auf einer Seite eingefügt, denn der Palmenbuschen wird an eine Wand oder Haustür angelehnt oder davor aufgestellt.

Der gebundene Palmbuschen wird an zwei verschiedenen Stellen am Holzrechenstiel mit nichtrostenden Drähten befestigt. Durch die doppelte Drahtsicherung kann sich der Buschen nicht verdrehen oder am Stiel herunterrutschen. Die an dünner Kordel hängenden Eier werden zu einer Traube zusammengefasst. Die Kordelenden brauchen dann nur noch mit Draht fest umwickelt und im Bindepunkt verankert zu werden. Zum Schluss wird das Schleifenband zu einer üppigen Schleife mit lang herunterhängenden Bandenden (Anleitung zum Schleifenbinden Seite 118) zusammengenommen, angedrahtet und am Straußbindepunkt als optische Betonung befestigt.

Gründonnerstag

Im Laufe der Sprachentwicklung hat sich im Deutschen der Name Gründonnerstag gebildet, dessen Ursprung im Wort »Greindonnerstag« zu vermuten ist. An diesem Tag wurden die seit Aschermittwoch aus der Kirche ausgeschlossenen Büßer, die »Greinenden« (Weinenden), wieder in die Kirchengemeinschaft aufgenommen. Dieser Tag wird in manchen Gegenden Bayerns auch als »Antlasstag« bezeichnet; dagegen ist die Bezeichnung »Ablasstag« in den übrigen Gegenden verbreitet, doch davon später.

In der katholischen Kirche trägt der Priester, dem Tag angepasst, ein grünes Messgewand. Auch die »grüne« Speise am Gründonnerstag wird als Folge dieser Wortveränderung angesehen. Es ist eigentlich gar nicht verwunderlich, dass sich die Leute damals nach der schmalen Winterkost und den sich zu Ende neigenden Wintervorräten auf etwas Grünes freuten und gerne essen wollten. Veilchen, Schlüsselblumen, Feldsalat, Sauerklee und Sauerampfer, ergänzt mit anderem Grünzeug und Kräutern aus Wiese und Garten konnten geerntet werden. Es richtete sich danach, wie weit die immer höher steigende Sonne mit ihren wärmenden Strahlen das Wachstum vorangetrieben hatte.

Im Jahre 1846 empfahl Alexander von Humboldt der preußischen Hofküche als erprobtes Rezept für die Gründonnerstags-Suppe folgende Zutaten: Brunnen- und Gartenkresse, Gänseblümchen, Gundermann, Kerbel, Pimpernell, Sauerampfer, Schafgarbe und Tripmadam.

Grünes säen und pflanzen

Zu den österlichen Bräuchen gehörten am Gründonnerstag das Säen und Pflanzen von Blumen, Leinsamen, Kräutern und Kohl. Jede Betätigung in Acker und Feld an diesem Tag versprach besonderen Segen. Heute ist zwar die Selbstversorgung keine zwingende Notwendigkeit mehr wie früher, und doch gehen viele Menschen wieder zur Gemüse- und Obsternte aus dem eigenen Garten über, wenn auch aus anderen Motiven. Gartenbesitzer zieht es in jedem Frühjahr auf den »Acker«, sprich in den Garten, um die Beete zu bestellen.

Auch ohne Garten kann man das junge Wachsen miterleben. Kräutertöpfe mit Majoran, Salbei, Schnittlauch, Petersilie, Zitronenmelisse und andere Würzpflanzen sind leicht auf der Fensterbank zu pflegen. Inzwischen haben Gärtnereien und Einkaufsmärkte ein reichhaltiges Angebot an Jungpflanzen dieser Art. Außerdem bereitet es Spaß und bedarf wenig Aufwands, durch die Aussaat von Kresse und Senfkörnern »Eigenes« bei

Gründonnerstag

geringer Pflege sprießen zu sehen und kurze Zeit danach zu ernten.

Lassen wir uns von dem Gründonnerstagsbrauch, Grünes zu säen und zu pflanzen inspirieren, und bereiten ein Saatnest für die Osterzeit vor. Am Ostersonntag werden dann österliche Leckereien und zum Fest passende Attribute hineingelegt und versteckt.

Wir knüpfen damit an einen Frühlingsbrauch an, der am Gründonnerstag vollzogen, Segen versprach. Ansonsten durfte früher in der Karwoche keine Knechtarbeit verrichtet werden. Auch Backen und Waschen war an diesen Tagen verboten.

Das Saatnest

Nicht nur zur Freude der Kinder – sondern auch zum persönlichen Erlebnis – wird die Aussaat von Getreidekörnern oder Kräutersamen.

Einer griechischen Sage nach wurde Adonis, ein schöner Jüngling und Geliebter Aphrodites, durch einen Eber getötet. Zeus, der oberste Gott des Himmels hat ihn wieder zum Leben erweckt. Als Symbol der Auferstehung ließ man in flachen Gefäßen schnell wachsende Kräuter oder Weizenkörner sprießen. Diese Tellersaat versinnbildlicht zugleich das Wiederergrünen der Natur.

In dem grünen Saatnest verstecken wir bunte Ostereier und eine Henne mit ihren Küken. Rote und weiße Bänder sind als ein festlicher Effekt gedacht, obwohl die Farben Rot und Weiß im christlichen Glauben das Symbol für Blut und Unschuld sind.

Diese Osterüberraschung strahlt Frühlingsfrische aus und krönt den Frühstückstisch am Ostermorgen.

Vorbereitung der Tellersaat

Jedes flache Gefäß ist geeignet für die Aussaat von Samen oder Körnern. Schön ist eine Glasschale oder ein Teller des Frühstücksgeschirrs, so dass später die Tellersaat mit dem Gefäß zum gedeckten Tisch passt. Bekannt ist im allgemeinen die Kresseaussaat. Ebenso schnellen Erfolg versprechen Senfkörneraussaaten. Nebenbei schmecken diese grünen Pflanzenteile sehr delikat zu Tomaten, Quark und Butterbrot. Auch Grassamen sind in der Aussaat problemlos. Selbst Weizen sprießt innerhalb weniger Tage und zeigt bald danach eine einheitliche »grüne Wiese«.

Material
- 2,5 l Blumenerde
- flaches Gefäß etwa 30 cm ⌀
- Feinzerstäuber (Wäschesprenger)
- Saatkörner

Anleitung
Das Gefäß fast bis zum Rand mit Erde füllen, sanft andrücken und anfeuchten.

Die Saatkörner dicht an dicht auf die Erde streuen und mit einer dünnen Erdschicht zudecken. Noch einmal befeuchten und an einem hellen, zimmerwarmen Ort aufstellen.

Für eine Kresseaussaat kann man auch eine Lage Zellstoff von der Küchenrolle oder eine Schicht Watte als Saatbett nehmen. Diese Schichten müssen sich vor der Aussaat gründlich mit Wasser vollgesaugt haben.

Eine Glasplatte, Folie oder einfach nur feuchtes Zeitungspapier über die Aussaat gelegt, beschleunigt den Keimvorgang. Sobald sich das erste Grün zeigt, muss die Abdeckung aber entfernt werden.

Nun sollte nur noch für gleichmäßiges Feuchthalten des Substrats während des Wachstums gesorgt werden, es wird dann üppig sprießen. Wenn man die Grassaat mit einer Schere stutzt, wird sie von Mal zu Mal dichter und gleichmäßiger. Sie wächst dann zu einem richtigen kleinen festen Rasenstück heran.

Wer das Saatnest für den Ostermorgen dicht grün bewachsen haben möchte, muss allerdings lange vor dem Gründonnerstag beginnen. Je nach Keimdauer der Samen ist 10 bis 14 Tage vorher auszusäen.

Ablasseier und Ablasskranz

Eier, die von den Hühnern am Gründonnerstag gelegt werden, bezeichnet man im Süddeutschen als Antlasseier, sinngleich mit dem hochdeutschen Wort Ablass. Durch ihre Abgabe wurden die Sünder aus der Kirchenbuße entlassen und wieder in die Gemeinschaft der Gläubigen aufgenommen. Die Eier wurden in der Kirche geweiht und mit der Schale verzehrt, sollten sie vor Unheil schützen. Sie galten als Heilmittel für Mensch und Vieh.

Ähnlich verhält es sich mit dem Ablasskränzlein. Man erwartete auch hier wundersame Heilwirkung von Kräutern und Frühlingsblumen, wenn sie am Gründonnerstag gesammelt und zu einem Kranz zusammengefügt wurden. Das eingetrocknete Kränzlein wurde bis zum Herbstbeginn aufge-

Gründonnerstag

Frische Marktkräuter wurden in einem Terrakotta-Kasten dekorativ arrangiert.

Ein rotes Ei am Gründonnerstag galt in vielen Gegenden als besonderes Symbol für Fruchtbarkeit.

hoben und zusammen mit einem Ablassei in den Erntekranz gesteckt. So bedankte man sich symbolisch für die empfangene Heilkraft, welche den ganzen Sommer über von den Kräutern und Frühlingsblumen ausgegangen war. Weithin und allgemein bekannt ist ja die heilkräftige Wirkung von Brennnesseln, Brunnenkresse, Huflattich, Ehrenpreis, Löwenzahn, Schafgarbe, Tausendschön und von vielen Pflanzen mehr, wie Aufzeichnungen in alten Arzneibüchern belegen, wenn sie als »Pülverchen«, Tee oder Aufguss als Hausmittel verabreicht wurden.

Eine besondere Gründonnerstagsüberraschung ist die berühmte »Frankfurter Grüne Soße« zum Mittagsgericht. In einer mit Frühlingsblumen umkränzten Sauciere serviert (Abbildung rechte Seite), kann man sich der Beifallsbekundungen seiner Mittagsgäste sicher sein.

Frankfurter Grüne Soße

Zutaten
- 2 rohe Eigelb
- Öl
- 2 Teelöffel Senf
- 2 Esslöffel Essig
- etwas Salz und Pfeffer
- 1 Teelöffel feingehackte Kapern
- 2 Teelöffel kleingeschnittene Gürkchen
- 2 hartgekochte feingewiegte Eier
- je 6 Esslöffel von sechs frischen Kräutern wie Borretsch, Dill, Kerbel, Petersilie, Pimpinelle, Sauerampfer und als siebtes Kraut Schnittlauch

Mit Frühlingsblumen umkränzt, wird am Gründonnerstag die Grüne Soße serviert.

Zubereitung
Eigelb und Öl langsam und vorsichtig zu einer Mayonnaise rühren und unter ständigem Weiterrühren die Gewürze beifügen.

Die Kräuter waschen, entstielen und fein wiegen, danach alle ebenfalls kleingehackten Zutaten und Kräuter behutsam unter die Creme heben.

Ablasskranz aus Tausendschön

Es gibt zwei Möglichkeiten, einen Blumenkranz handwerklich zu fertigen. Die erste Fertigungsart ist das Binden der Gestaltungsmittel auf einen Reifen. Der Bindevorgang ist zu vergleichen mit der Fertigung des Buchsbaumkranzes von Seite 88 und entspricht der traditionellen Herstellung eines Kranzes. Seit der Erfindung der Steckmasse gibt es neben den Steckmasseblöcken auch Kranzformen. Sie sind in verschiedenen Größen, das heißt mit unterschiedlichen Durchmessern in Deko- und Bastelgeschäften oder in den meisten Dekoabteilungen der Kaufhäuser erhältlich.

Material
- Kranzring aus Steckmasse, 20 cm ⌀ außen, 11 cm ⌀ innen
- etwa 70 Buchsbaumspitzen
- 30 Triebe Pfaffenhütchen
- 50 Tausendschönblüten

Anleitung
Der Kranzkörper besteht aus Steckmasse und einer 5 mm hohen, flachen Plastik- oder Korkschale an der Kranzunterseite. Sie verhindert, dass aus der vor Gebrauch gewässerten Steckmasse das überschüssige Wasser auslaufen kann.

Bevor man mit dem Stecken beginnt, legt man den Ring umgekehrt, mit der Steckmasseseite nach unten, in eine Schale mit Wasser. Nach ein paar Minuten hat sich die Steckmasse

Gründonnerstag

ganz mit Wasser vollgesaugt und weist nun ein viel höheres Gewicht auf.

Das Grünmaterial, bestehend aus kurzen Buchsbaum- und kleinen, grünweiß beblätterten Pfaffenhütchenzweigen (*Euonymus fortunei* 'Variegatus'), muss vor dem Stecken ein paar Stunden, besser noch über Nacht, im Wasser stehen, damit sich alle Pflanzenzellen prall mit Wasser vollsaugen können. Dasselbe gilt auch für die Tausendschönblumen (*Bellis perennis*).

Zuerst werden ein paar Buchsbaumspitzen von etwa 3 cm Länge in den Kranzkörper gesteckt. Zuvor entfernt man am Stielende die Blätter so weit, wie der Stiel in die Steckmasse gelangen soll. Dabei ist 1 cm ausreichend. Die Grünmaterialien wechseln sich ab, wobei kleine Zwischenräume für die Tausendschönblüten frei bleiben müssen. Wenn ungefähr 4 cm des Kranzringes mit dem Grünmaterial ausgefüllt sind, werden abwechselnd die weißen, rosa und tiefroten Blüten der Tauendschön dazwischen gesteckt. Sie müssen die gleiche Länge haben wie das Grünmaterial. Beim Stecken ist vor allem darauf zu achten, dass alle Stiele so eingefügt werden, dass das Stielende immer auf einen gedachten Punkt in der Mitte des Kranzkörpers zuläuft (siehe Abbildung rechts unten).

Die Tausendschön haben einen sehr dünnen Stiel, der beim Hineinstecken in den Kranzkörper leicht abknickt. Daher ist es ratsam, vorher mit einem Rouladenspieß oder einem dünnen,

Ablasskränzchen aus Tausendschön.

spitzen Holzstäbchen ein Loch von ungefähr 1 cm Tiefe vorzustechen. Das erleichtert das Hineinschieben des Blütenstieles in die Steckmasse. Beim Grünmaterial ist das nicht nötig, da es härtere Stiele besitzt, die nicht so leicht abknicken.

Wichtig ist auch, beim Arbeiten darauf zu achten, dass das Material an der Innenseite des Kranzes kurz und dicht ist, mindestens um 1 bis 1,5 cm kürzer als am übrigen Kranzkörper. Andernfalls wird der Innendurchmesser zu klein und der Kranz geht von einem Ring zu einer Haufenform über (siehe Kranzproportionen in der Abbildung rechts oben).

Beim Stecken ist immer darauf zu achten, dass Anfangshöhe und Endhöhe gleich bleiben, damit der Kranz nicht eine wellige Oberfläche oder ei-

Ablasseier, Ablasskranz

nen unterschiedlich breiten äußeren und inneren Kranzdurchmesser erhält.

Daher sollte man von Zeit zu Zeit sein Werkstück aus einiger Entfernung betrachten und nach dem »Augenmaß« beurteilen. Besser und leichter ist es, die Unebenheiten, die sich einschleichen können, sofort auszugleichen.

Damit der Kranz ein paar Tage Freude bereitet, legt man ihn am besten auf einen flachen Teller oder auf eine flache Schale und füllt immer so viel Wasser auf, dass es knapp über die wasserhaltende Kranzschale reicht.

Vom Ablasskranz zum Trockenkranz

Wem der gebundene Ablasskranz besonders gut gefallen hat, der braucht sich von ihm nicht gleich zu trennen. Es ist interessant, das Vergehen und Eintrocknen des Blütenkranzes phasenweise zu beobachten um zu sehen, welch dezenter Charme von den verblassenden Farben ausgeht und wie jede Etappe des »Sich-Veränderns« ihre spezielle Ausstrahlung hat, bis zur völlig erstarrten Trockenheit. Erst dann ist der Zeitpunkt gekommen, sich zu entscheiden, ob der Kranz noch genügend Attraktivität

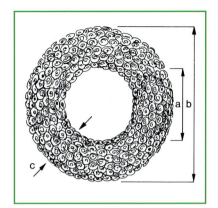

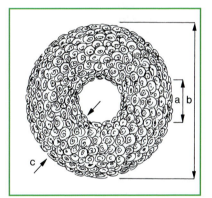

Oben und Mitte: Richtige Proportionen zwischen a, b und c sind wichtig. Ist c zu breit, wird a zu klein und b zu groß.

Unten: Alle Stiele müssen so gesteckt werden, dass die Stielenden auf die Mitte des Kranzkörpers zulaufen.

besitzt, um als Wand- oder Türschmuck den Betrachter zu erfreuen.

Aufbewahrung und Pflege

In frischem Zustand lässt sich die Haltbarkeit erhöhen, wenn der Kranz mehrmals täglich mit Wasser aus dem Feinzerstäuber besprüht wird. Dass in der Schale unter dem Kranz stets Wasser vorhanden sein soll, wurde schon erwähnt. Wer über einen Balkon oder eine Terrasse verfügt, verlängert die Haltbarkeit seines Frühlingsblumenkranzes durch das Hinauslegen über Nacht ins Freie, vorausgesetzt, es gibt keinen Nachtfrost. Die Kühle und Luftfeuchtigkeit der Nacht spenden dem Kranz Erholung von der meist zu trockenen Zimmerluft.

Eine andere Möglichkeit bietet das Waschbecken, die Badewanne oder Spüle. Der Kranz wird frisch mit Wasser eingesprüht und mit Folie, einem Tuch oder Zeitungspapier abgedeckt.

Bewährt hat sich auch, den besprühten Kranz in eine größere Plastiktüte zu legen und die Tüte aufzublasen, so dass die Plastikhülle nicht unmittelbar auf den Blüten aufliegt. Anschließend wird die Tüte mit einem Gummiring luftdicht verschlossen, damit das Luftpolster erhalten bleibt. Auch der Kellerfußboden ist als Nachtquartier des Kranzes geeignet. Der Aufwand des allabendlichen Transports wird durch ein paar Tage mehr Freude an dem Schmuckstück honoriert.

Zum Trocknen wird der Kranz aufgehängt, möglichst freischwebend in einer Zimmerecke oder vor dem Fenster, wenn dabei intensive Sonneneinstrahlung vermieden wird. Vorsicht ist bei der Aufhängung vor einer Wand geboten, denn es kann sich immer noch überschüssiges Wasser sammeln und an der Wand herablaufen.

Die Blumen sollten ab und zu auch nach dem Trocknungsprozess mit einem feinen Wasserstrahl übersprüht werden. Die blassen Farben werden dann wieder etwas klarer, der Staub wird entfernt, die Brüchigkeit vermindert und einzelne Pflanzenteile werden wieder elastischer. Der Kranz mit seinen Trockenteilen wirkt verjüngt und frischer.

In derselben Weise kann man übrigens von Zeit zu Zeit mit allen Trockenblumen, auch mit den Vorräten an Trockengräsern und Strohblumen oder mit Trockengebinden vorgehen. Bei dieser Behandlung fristen die Trockenarrangements dann nicht als Staubfänger in irgendeiner Zimmerecke ihr Dasein. Schließlich gehören sie zum Raumschmuck und wollen wie jeder andere Gegenstand auch gepflegt werden.

Karfreitag – Tag der Passionen und Prozessionen

In jedem Jahr gedenken die Christen am Freitag vor Ostern der Kreuzigung und Grablegung von Jesus und bekunden das Geschehen in manchen Gegenden durch feierliche Prozessionen und szenisch dargestellte Passionen. Dabei sei in diesem Zusammenhang auch an die alle zehn Jahre in Oberammergau stattfindenden Passionsspiele erinnert, die wohl zu den bekanntesten und größten derartigen Veranstaltungen zählen.

An diesem Festtag ruhen in frommen Gegenden noch heute alle Tanzveranstaltungen, und selbst handwerkliche Tätigkeiten werden unterlassen, wie Hämmern, Graben und Pflügen. Man glaubte besonders in früheren Zeiten, dadurch die Ruhe des Heilands im Grab zu stören.

In einigen katholischen Kirchen Süddeutschlands wird heute noch ein »Heiliges Grab« als sichtbares Zeichen für die Ereignisse am Karfreitag aufgebaut. Trauer-Prozessionen führen zum Gebet an das Grab.

Mit strengem Fasten gedenken die Christen der tiefen Bedeutung der damaligen Geschehnisse. Vielerorts werden am Karfreitag Brezeln als fleischlose Fastenspeise gegessen. Sie versinnbildlichen Unendlichkeit und werden auch als die gekreuzten Arme Christi angesehen. In heidnischer Zeit war die Brezel als Opfer- und Totengabe bekannt, später ist sie vom Christentum übernommen und umgedeutet worden, wie viele andere aus vorchristlicher Zeit stammende Bräuche.

Schlehenzweige als Symbol für das Karfreitagsgeschehen

Die Sitte, am Karfreitag das Zimmer mit den weiß blühenden Zweigen der Schlehe *(Prunus spinosa)* zu schmücken, sollte in den Familien wieder aufleben.

In einer Legende ist die Begründung zu finden, warum sich der Busch zur Osterzeit alljährlich in ein weißes Blütenkleid hüllt: Die Kriegsknechte wollten Jesus zum König krönen und wanden aus den dornigen Zweigen der Schlehen eine Krone, die sie ihm auf sein Haupt drückten. Dadurch erhielt die Schlehe auch ihren Beinamen Kreuzdorn.

Der Anblick des Blutes erschreckte den Schlehenstrauch der Legende nach so sehr, dass er sich schämte, für diese grausame Tat missbraucht worden zu sein. Doch Jesus ließ ihn zum Beweis für seine Unschuld von Engeln in ein weißes Blütenmeer verwandeln. Seither erstrahlt der Schlehenbusch in jedem Frühling vor allen anderen Sträuchern in Weiß, als Zeichen der Mahnung an das schmerzensreiche Geschehen.

Karfreitag

Schlehenzweige lassen sich im Zimmer zum Blühen bringen

Wenn man erst am Karfreitag die Zweige vom Schlehenbusch abschneidet, werden sie kaum zum Osterfest in ihrer ganzen Blütenpracht erstrahlen. Erst recht nicht, wenn das Wetter in den Wochen davor milde Temperaturen und Sonnenstrahlen hat vermissen lassen, die nun einmal für das Treiben der Blatt- und Blütenknospen erforderlich sind. Sollte das Osterfest in den April fallen, ist es auch möglich, dass der Blütenflor schon vorüber ist oder sich gerade in der Natur voll erblüht zeigt.

Für das »Antreiben« der Gehölze im Zimmer reichen oft wenige Tage aus, je nachdem, welche Temperaturen draußen geherrscht haben. Dementsprechend ist der Zeitpunkt für das Schneiden der Zweige zu berechnen.

Ein wenig Nachhilfe zum schnelleren Aufblühen kann man durch folgende Behandlungsmethoden geben: Man braust die Zweige mit lauwarmem Wasser ab und fügt dem Vasenwasser Frischhaltemittel bei, nachdem die Zweige kurz vor dem Einstellen mit einer scharfen Baumschere oder einem Messer schräg angeschnitten worden sind. Des weiteren erhöht ein Aufspalten der Zweigenden die Wasseraufnahmemöglichkeit. Frischhaltemittel wie Chrysal sind im Fachhandel erhältlich. Sie sind nicht nur »Nahrung« für die Zweige, sondern verhindern auch weitgehend die Entwicklung von fäulniserregenden Bakterien, die nach einigen Tagen einen üblen Geruch verursachen können, weitgehend. Bei der Verwendung von Frischhaltemitteln muss nur das verdunstete Wasser in der Vase nachgefüllt werden.

Gerade bei den Schlehenzweigen ist das Aufspringen der Blüten der eigentliche Höhepunkt in der Entwicklung, denn leider fallen die in Büscheln zusammensitzenden Blütchen recht schnell ab. Danach ist die Pracht bald vorüber, wenngleich sich anschließend noch die Blättchen bilden.

So wie die Schlehenzweige sind viele andere Zweige zu pflegen, wenn man sie im Zimmer zum Blühen bringen will. Und ebenso lassen sie sich mit Ostereiern und anderen österlichen Schmuckmitteln behängen.

Bei den Schlehenzweigen ist zu beachten, dass sich niemand an den dornigen, pieksigen Endspitzen der Zweige verletzt, wie es beim Schmücken schon geschehen kann. Besondere Vorsicht ist geboten, wenn Kleinkinder im Haus sind. Dann empfiehlt sich als Standort für die Zweige ein unerreichbarer, sicherer Platz.

Die Karwoche neigt sich dem Ende zu

Karsamstag ist der letzte Tag vor dem großen Jahresfest der Christenheit. Die Freude auf das Fest ist verständlich. Die Wochen des Fastens sind nun endlich vorüber. Es ist ein Tag, an dem

Das auf Seite 27 beschriebene Osterkarussell, hier nicht auf dem Türpfosten, sondern auf dem Boden aufgestellt. Damit erhält es eine völlig andere Wirkung.

Karfreitag

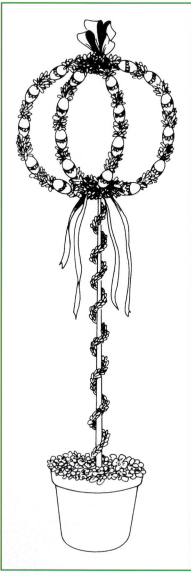

Eine Palmkrone ist eine traditionsreiche Bastelarbeit für die ganze Familie.

es im häuslichen Bereich viel zu tun gibt. Es wird gescheuert, gebacken und alles festlich herausgeputzt, denn schon immer galt der Karsamstag als Reinigungstag.

Die größeren Kinder sind mit dem Anmalen der Eier beschäftigt und mit der Herstellung von österlichen Basteleien. Bemalte Ostereier werden zu Ketten aufgefädelt und als Schmuck an einen Strauch im Freien gehängt.

Eierketten sind nicht nur als österlicher Schmuck anzusehen, sondern sie werden auch symbolisch als Hinweis auf die Ketten des Todes von Christus gedeutet, die durch seine Auferstehung gesprengt worden sind.

Ein Strauch für Eierketten

Der Osterschmuck im häuslichen Bereich kann recht unterschiedlich aussehen. Schon ein paar abgeschnittene Zweige in die Vase gestellt und mit Ostereiern oder anderen östlichen Motiven geschmückt, vermitteln eine frühlingshafte, auf das Osterfest hinweisende Stimmung. Besonders hübsch ist es, einen Strauch im Garten zu schmücken (Abbildung rechts).

Für den Eierkettenschmuck sollte ein freistehendes Laubgehölz im Garten oder Vorgarten ausgesucht werden. Viele Laubgehölze, die sich noch nicht zu stattlichen Bäumen oder gewaltigen Großsträuchern entwickelt haben, sind geeignete »Eierkettenträger«. Im Frühjahr zeigen die kahlen Zweige teilweise bereits einen kräftigen Blatt- und Knospenansatz, oftmals sind die ersten jungen Blättchen schon ausgetrieben.

Eierketten

Ein Strauch im Vorgarten wurde mit bunten Eierketten geschmückt.

Karfreitag

Eine Palmstange oder Palmkrone geschmückt mit ausgeblasenen, in Kratztechnik verzierten Eiern, kreuzweise aufgefädelten Holunderstäbchen und Tannengrün.

Andere Arten bilden zuerst die Blütchen aus. Das alles sind Erscheinungen, die uns erfreuen und zeigen, dass die Natur den Winter besiegt hat. Mit farbenfrohen Eierketten wird die Frühlingsfreude unterstrichen.

Sollte kein Busch oder Bäumchen im richtigen Blickwinkel des Gartens stehen, so lässt sich einfach ein reich verzweigter Ast oder ein ganzes Astbüschel an geeigneter Stelle in den Gartenboden bringen. Stärkere Äste, beispielsweise von einer Birke, sollten vorher angespitzt werden, denn um so leichter und tiefer lassen sie sich in den hoffentlich ungefrorenen Erdboden senken. Man kann auch einen Pfahl oder Bambusstab in das Erdreich treiben und daran den Zweigbuschen festbinden. Ein sicherer Stand muss in jedem Fall gewährleistet sein, denn auch einem Frühlingssturm muss der herausgeputzte Eierbaum trotzen können.

Eierketten selbst gemacht

Im süddeutschen Raum wird heute noch der Brauch gepflegt, in häuslicher Runde Eierketten zu fertigen für die traditionelle Gestaltung der Osterpalmen, wie sie zur Weihe am Palmsonntag in die Kirche getragen werden.

Früher mussten schon monatelang vor dem großen Tag ausgepustete Eier gesammelt und verziert werden, denn immerhin benötigte man für eine stattliche Palmkrone (Abbildung Seite 62) manchmal weit über 50 Stück. Seit längerem gibt es als Ersatz für Hühnereier dieselben Formen aus fest

Eierketten

zusammengepresster Watte oder aus Styropor zu kaufen. Somit hat sich auch gleichzeitig das Problem der leichten Zerbrechlichkeit von ausgeblasenen Eiern gelöst. Es war zudem auch recht mühsam, in einer Kette ein zerbrochenes Ei auszuwechseln.

Aber nicht nur Eier werden für eine Kette benötigt. Es sieht auch nicht sehr ideenreich aus, wenn Ei an Ei nebeneinander aufgereiht wird. Eine alte Tradition ist es, geschälte Holunderzweigstückchen, in Kreuzform zusammengesetzt, dazwischenzufädeln.

Es lassen sich aber auch statt der Holunderzweigstücke ungeschälte Weidenzweigstückchen verwenden. Zusätzlich wird die Aufreihung noch durch Holzperlen ergänzt. Die farbliche Gestaltung von Perlen und Eiern ist nach dem persönlichen Geschmack vorzunehmen. Dabei ist zu beachten, dass die Farbe unbedingt wasserfest sein muss.

Material
für eine 2,50 Meter lange Kette:
- 20 Watteeier oder ausgeblasene Hühnereier
- wasserfeste Farben (Plaka)
- 40 Rundhölzchen zu je 5 cm Länge aus 0,5 bis 1 cm dicken Weiden- oder Holunderzweigen
- 1 Rolle lackierter Wickeldraht oder reißfeste Schnüre, auch Perlonschnur ist geeignet

Anleitung
Die Eier bemalen und trocknen lassen.

Die Rundhölzchen aus langen Ruten zurechtschneiden und in der Mitte mit einem Loch versehen.

2,50 m Wickeldraht von der Rolle wickeln, Restrolle nicht abtrennen. Mit dem Drahtanfang zuerst zwei Rundhölzchen auffädeln und kreuzförmig zusammenkleben, dann folgt die Auffädelung nach folgendem Schema: Ei, 3 Perlen, Kreuz, Ei, 3 Perlen, Kreuz, Ei usw.

Dabei die einzelnen Teile immer behutsam weiterschieben bis alles aufgefädelt ist. Zum Schluss die abgewickelte Drahtlänge korrigieren, denn alle Kettenelemente müssen dicht an dicht anschließen.

An jedem Ende wird der Draht zu einer großzügigen Schlaufe gebogen und ein paar Mal um das letzte Holzkreuz gewickelt, damit nichts wieder herunterrutschen kann. Erst dann den Rollendraht abkneifen.

Mit den Schlaufen lässt sich die Kette leicht an den Ästen des auserkorenen Gehölzes befestigen (siehe Abbildung Seite 63).

Feuer und Wasser als österliche Symbole

Die Feuerweihe in der Osternacht

Wichtigstes Ereignis des Osterfestes ist in der Osternacht die Entzündung des Osterfeuers vor der Kirche oder auf einem Platz, bei kleinen Gemeinden oft auch außerhalb des Ortes. Einem alten Brauch folgend geschieht es oftmals durch Feuerstein und Stahl. Umgedeutet besagt dieses Ritual, dass auch Jesus gleich einem Funken aus dem Steingrab auffuhr.

Das Feuer wird durch den Priester geweiht und die Osterkerze für die sich anschließende Ostermesse daran entzündet. Die Kerze ist festlich geschmückt, wobei in früheren Zeiten

Mit dem Wasserschöpfen verbinden sich alter Volksglaube und vielerlei Bräuche.

niemals die fünf Weizenkörner fehlen durften als Zeichen für die fünf Wunden Christi bei der Kreuzigung.

Viele Gläubiger nehmen eine Osterkerze mit nach Hause, um bei Krankheit und Not das Kerzenlicht scheinen zu lassen in der Hoffnung, dass dadurch schlimmeres Leid abgewendet werden wird.

Die Osterkerze versinnbildlicht den Sieg des Lichtes über die Finsternis, gleichsam wie Christus das Licht der Welt bedeutet.

Die Bedeutung des Osterwassers

Ebenfalls in der Osternacht findet in der Kirche die Weihe des Taufwassers statt, welche früher nur am Abend vor Ostern oder Pfingsten vollzogen wurde. Von alters her dürfen Gläubige sich geweihtes Osterwasser mit nach Hause nehmen. Sie betrachten es als wahres »Wunderwasser« und erwarten durch das Wasser Heilung bei Krankheiten und besondere Segenskraft.

Ähnlich wundersame Wirkungen verbinden sich mit dem Wasserschöpfen durch junge Mädchen zu nächtlicher Zeit. Nach dem Volksglauben verleiht das Osterwasser Schönheit und fördert das Gesundbleiben. Allerdings sei es nur wirksam, wenn mit dem Osterwasser holen absolutes Schweigen einhergeht.

Die jungen Burschen des Dorfes kennen natürlich diesen österlichen Aberglauben und versuchen mit listigen Neckereien, die Mädchen auf ihrem Weg nach Hause zum Sprechen und Lachen zu bringen. Ist es gelungen, so verliert das Wasser an Zauberkraft und der Volksmund spricht dann von »Quasselwasser«.

Eine Osterwasserschale festlich geschmückt

In der geschmückten Silberschale (Abbildung Seite 19) ist zwar kein geweihtes Osterwasser, doch das Ritual des Wassereinfüllens in die Schale lässt sich am Ostermorgen im Kreise der Familie oder der Freunde nachvollziehen.

Vor einer Mahlzeit versammeln sich alle um die Schale und aus einer hübschen Kanne wird das Wasser eingefüllt.

Eine Verneigung nach dem Zeremoniell erhöht die Wichtigkeit des dadurch neu belebten Brauches alter Zeiten. Einige Schweigeminuten zur inneren Einkehr und Andacht mögen im Kreis der Teilnehmer eingehalten werden, zur Besinnung auf die Ostergeschichte.

Der schmale Buchsbaumkranz mit Seidenveilchenblüten und Bandschmuck passt dezent zum Silber der Schale.

Material
- flache, kostbar wirkende Schale aus Metall, Porzellan oder Keramik
- 50 kurze Buchsbaumstiele, 3 bis 4 cm lang
- 1 Drahtring ⌀ 28 cm oder 2 starke Steckdrähte oder 1 dünner Weidenzweig
- 12 Seidenblumenveilchen

Österliche Symbole

- 1 Tube Klebstoff
- 1 Rolle oder wenigstens 2,50 m veilchenblaues Schmuckband, 1 cm breit
- 4 dünne Silberdrähte 0,3/150

Anleitung

Das Gefäß erhält seinen passenden Platz auf einem mit festlicher Decke bedeckten Tisch. In dem abgebildeten Beispiel hat die Schale einen Durchmesser von 35 cm und einen 3 cm breiten, mit Blumen verzierten Rand. Sie steht auf 3 Füßchen.

Dadurch wirkt sie graziler und eleganter als flach auf der Stellfläche liegend. Wichtig ist, dass ein festlich aussehendes Gefäß verwendet wird.

Die Buchsbaumspitzen werden sehr schmal auf den Drahtreifen aufgebunden, wobei die Kranzkörperbreite nur ungefähr 3 bis 4 cm betragen darf. Die Bindetechnik ist auf Seite 88 bis 90 beschrieben.

Ein Drahtring lässt sich aus starkem Bastel- oder stärkerem Steckdraht biegen. Bei kürzeren Drähten werden mehrere zusammengedreht. Ein Weidenzweig, zum Ring geformt und mit Draht befestigt, erfüllt die gleiche Funktion.

Die Blumen werden im Abstand von ungefähr 5 cm mit der Heißklebepistole in die Mitte des flachen Kranzkörpers geklebt.

Jedes dritte Veilchen erhält eine zierliche Schleife von 3 cm mit langen Bandenden von 24 bis 30 cm Länge. Jede Schleife wird mit Silberdraht versehen und vorsichtig in den Buchsbaumkranzkörper hineingeschoben, so dass das Drahtende auf der Rückseite des Kranzes zum Vorschein kommt. Dort wird es in den Kranzkörper zurückgesteckt.

Der Dorfbrunnen steht einmal im Jahr im Mittelpunkt

Aus Dankbarkeit für gutes Wasser wurden früher Brunnen und Quellen mit Tannengirlanden und Birkengrün, bemalten Ostereiern, Holzspanlocken und farbenfrohen Bändern geschmückt.

Dies ist ein Brauch, der wieder zunehmend in den Gemeinden der Fränkischen Schweiz neu belebt wird, nicht nur als Touristenattraktion, sondern weil die Reinhaltung des Wassers im Laufe der Jahre ein akutes Problem geworden ist. Man versucht durch solche Aktionen auf die Bedeutung des Wassers im täglichen Leben aufmerksam zu machen.

Unsere Vorfahren wussten um die Wichtigkeit von klarem, reinem, lebenserhaltendem Wasser. Damit die Quelle des Wassers als Lebenselixier niemals versiegen sollte, feierten und verehrten sie einmal im Jahr die in ihm wohnenden Wassergeister. Sie schmückten die Wasserstellen und hofften so, sich die Geister günstig zu stimmen.

Mit der Wasserweihe zu Ostern wurde an diese vorchristlichen Bräuche angeknüpft.

Ein Hofbrunnen im österlichen Schmuck mit Tannenreisig und Eierketten. So lässt sich auch im familiären Bereich die Bedeutung des Wassers ins Bewusstsein rufen.

Osterwasser

Osterbaum

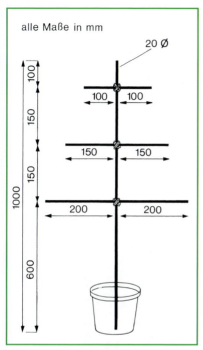

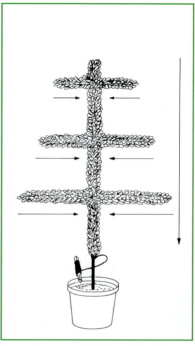

Das Gerüst für den Osterbaum mit Maßangaben für die einzelnen Teile.

So wird der Baum mit Buchs bebunden. Die Pfeile zeigen die Binderichtung an.

Der Osterbaum als Symbol des Lebens

Seit Menschengedenken genießt der Baum im Ansehen der Leute einen besonderen Stellenwert. Er bietet ihnen Schutz, seine Früchte sind Nahrung und sein Holz spendet Baumaterial und Wärme.

Festlicher Osterschmuck an einem Dorfbrunnen, wie er seit einigen Jahren immer häufiger wieder anzutreffen ist.

Die schöne Sitte, bei der Geburt eines Kindes einen Baum zu pflanzen, ist mehr oder weniger in Vergessenheit geraten, obwohl der Baum als Sinnbild für Leben und Lebenskraft angesehen wird. Vielfach haben sich in diesem Zusammenhang die Bezeichnungen »Baum des Lebens« oder »Lebensbaum« eingebürgert, wenn auch der Gärtner den Namen »Lebensbaum« für das Nadelgehölz Thuja benutzt.

In dem Baum sieht man eine Verbindung vom Irdischen zum Himmli-

Osterbaum

schen, wie auch die altgermanische Sage von der Weltesche Yggdrasil bezeugt, in der die Esche mit ihrem riesigen Laubdach das ganze Weltall, Himmel und Erde umspannt, während unter ihren Wurzeln die Fäden des Weltschicksals gesponnen werden.

Abgesehen von der Wertschätzung und Verehrung, die wir Bäumen entgegenbringen, haftet den Laubbäumen im Wald auch etwas Mystisches und Unheimliches an. Das Rauschen der Wipfel, die schemenhaften Baumumrisse im Mondschein und die geheimnisvollen Stimmen lassen Waldgeister, Unholde, Nymphen, Hexen und ihr Gesinde in der menschlichen Phantasie lebendig werden.

In seinem Umriss ist die stilisierte Form eines Baumes auch im Osterbaum (Abbildung links) zu erkennen, die als volkstümliches Symbol für den Lebensbaum anzusehen ist. Die zwölf Ostereier als Schmuckelemente weisen auf die zwölf Monate des Jahres hin. Dazu steht in der Bibel unter dem Kapitel der Offenbarung des Johannes 22,2 folgendes zu lesen: »Zwischen der Straße der Stadt und dem Strom, hüben und drüben, stehen Bäume des Lebens. Zwölfmal tragen sie Früchte, jeden Monat einmal.«

Die Entstehung des Osterbaumes ist zwar im Brauchtum nicht so recht nachzuweisen, dennoch wird vermutet, dass er sich vor ungefähr 160 Jahren entwickelt hat.

Der Osterbaum ist mit bunt bemalten, ausgeblasenen Ostereiern, gelbem Band und blühenden Narzissen geschmückt.

Wie bei vielen anderen österlichen Schmuckgegenständen muss als erstes ein Grundgerüst gebaut werden.

Osterbaum mit zwölf Eiern

Material für das Grundgerüst
- 1 Rundholz 100 cm lang, 2 cm ⌀
- 3 Rundstäbe, 20, 30 und 40 cm lang, 1 cm ⌀
- 1 Rolle Wickeldraht
- brauner Steinguttopf, etwa 18 cm hoch, 19 cm ⌀ oder ein anderes Gefäß ähnlicher Größe
- 1 Tüte Gips
- Folie oder Papier

Anleitung
Querstäbe und Längsstab an den Kreuzungspunkten ein wenig einkerben und mit Wickeldraht verbinden. Bei der Anordnung der Querstäbe ist der untere am längsten und der obere am kürzesten. Alle anderen Abmessungen sind aus der Zeichnung zu entnehmen. Das Gefäß vor dem Eingipsen mit leicht geknüllter Plastikfolie oder Papier auskleiden. Gips dehnt sich beim Erhärten und sprengt sonst die Topfwand. Das Gefäß nur zur Hälfte füllen. Das Gestell in die Topfmitte stellen. Sorgfältig senkrecht ausrichten und festhalten bis der Gips fest wird, dann erhärten lassen.

Es ist ratsam, das Osterbaumgerüst vor dem Eingipsen zu bebinden. Der Stab sollte dann unten ungefähr 10 cm frei bleiben.

Material für den Schmuck
- reichlich Buchsbaum, Thuja oder Ruscus

Österliche Symbole

- Wickeldraht oder starker Zwirn
- 12 dekorativ bemalte Ostereier mit Fadenaufhängung und Holzkugeln ⌀ 10 bis 14 mm
- Moos und Pflanzerde
- Kokosstrick
- 5 m gelbes Band von 9 mm Breite
- dünne Drähte für den Schleifenschmuck
- 2 kleinblütige Narzissentöpfe, Sorte 'Tête-à-Tête'
- 2 Hornveilchentöpfe (Mini-Stiefmütterchen)

Anleitung
Bindegrün in ungefähr 10 cm lange Stücke schneiden (s. Seite 88).

Man beginnt mit den Querstäben. Sie werden von außen nach innen bebunden, indem man die Buchsbaumspitzen rund um den Stab anlegt und durch drei Drahtwindungen im unteren Stieldrittel am Rundholz festbindet. Die nächste Reihe verdeckt die Drahtstelle der ersten Reihe.

Der Bindevorgang wiederholt sich bis dicht an den Längsstab. Dann Draht verzwirnen und mit dem nächsten Querstab beginnen bis alle in gleichmäßiger Stärke fertig umwunden sind (Abbildung Seite 71 rechts).

Anschließend den Längsstab von oben nach unten in der gleichen Bindeart, wie beschrieben, umwinden.

Eier an die Querstange hängen, wie die Abbildung Seite 73 zeigt.

Auf die Gipsmasse werden die ausgetopften Narzissen und Hornveilchen mit ausreichend Blumenerde gepflanzt und gut angegossen. Die blühenden Pflanzen lockern reizvoll die Geometrie des Ostergestells auf und verleihen dem Osterbaum ein betont frühlingshaftes Aussehen.

Moos, Kokosschnur und Ostereier können nach Belieben ergänzt werden. Um den Mittelstab wird in großzügigen Windungen das schmale Seidenband geschlungen. Bandanfang und -ende werden mit einem dünnen Draht umwickelt und zwischen dem aufgebundenen Buchsbaum verankert. Die oberen und die unteren Querstäbe erhalten jeweils an ihren Enden einen kleinen Schleifenschmuck als Abschluss. Die Schleifenbindetechnik ist auf Seite 118 erklärt.

Die Anfertigung des Osterbaumes bedarf einer gewissen handwerklichen Geschicklichkeit und Ausdauer. Aber die Mühe lohnt sich und das Grundgestell kann immer wieder neu bebunden werden.

Auch die Abbildungen auf Seite 60 und 63 zeigen Formen des Osterbaumes. Eine weitere Variante ist der Kranz mit vielen Möglichkeiten der Dekoration.

Ein großer rund gebundener Kranz, dicht besetzt mit bunten Eiern an unterschiedlich langen Bändern. Er ist an einer kräftigen Stange befestigt und steht in einem zu dieser Jahreszeit nicht bepflanzten Blumentrog vor einem Haus. Die Anregung lässt sich auch für kleinere Kränze als Raum- oder Tischschmuck aufgreifen.

Der Ostersonntag

Die Osterzeit geht ihrem letzten großen christlichen Festtag entgegen und findet in der biblischen Darstellung über die Auferstehung Jesu Christi aus dem Grabe seinen Höhepunkt. Dieses wundersame Ereignis wird alljährlich gefeiert.

Es bestärkt die Christen in ihrem Glauben und in ihrer Hoffnung auf das ewige Leben. Die Auferstehung wird als Sieg des Lebens über den Tod angesehen. Da die Tage des Osterfestes kalendarisch in die Frühlingszeit fallen, gilt die Auferstehung wie auch die vielen Zeichen neuen Lebens in der Natur als ein sichtbarer Beweis für die immerwährende Erneuerung des Lebens.

Die Germanen feierten um diese Zeit ihr Frühlingsfest zu Ehren der Göttin Ostera (Ostara, Eostre). Der Name Ostern leitet sich von dieser germanischen Frühlingsgöttin ab.

Vereinzelt wird auch die Meinung vertreten, der Name Ostern stehe in Verbindung mit der im Osten aufgehenden Sonne.

Wie dem auch sei, fest steht, dass seit dem Konzil von Nicäa im Jahre 325 das Osterfest immer am Sonntag nach dem ersten Frühlingsvollmond begangen wird. Ostern ist also ein vom Mondwechsel abhängiges Fest und erhält dadurch jedes Jahr einen anderen Termin in dem Zeitraum zwischen dem 22. März und dem 25. April. Hingegen gibt es heute Bestrebungen, für Ostern ein bestimmtes Datum festzulegen, so wie der 24. Dezember als Heiliger Abend festgeschrieben ist.

Osterlamm und Osterei

Das Passah-Fest

Das jüdische Passah-Fest war ursprünglich ein Hirtenfest. Man opferte am Tag des ersten Frühlingsvollmondes Gott die erstgeborenen Lämmer. Das Tierblut wurde an die Türen oder Wände von Häusern und Ställen gestrichen zum Schutz vor Unheil. Später wurde dieser Brauch umgedeutet zum Gedenken an den Auszug der Israeliten aus Ägypten vor ungefähr 3000 Jahren.

Damals standen die Juden unter der Knechtschaft der Ägypter, bis Gott zehn Plagen über das ägyptische Volk verhängte, wobei die letzte Plage die grausamste war. Der Todesengel zog umher und tötete alle erstgeborenen Söhne und Tiere der Ägypter. Die Kinder der Juden blieben verschont, weil sie zum Schutz ihre Türpfosten mit dem Blut eines Lammes bestrichen hatten.

Dieses Lamm begegnet uns später im christlichen Glauben als »Opferlamm« und macht deutlich, wie eng Passah mit Ostern verknüpft ist.

Osterlamm und Ostereier

Osterlamm aus Kuchenteig in einem Saatnest aus Weizensprossen.

Im alten Testament wird weiter berichtet, dass der Pharao schließlich unter dem Druck der Strafe des Himmels alle Israeliten ziehen ließ, und jedes Jahr im Frühling feiern die Juden im Gedenken an die Befreiung aus der ägyptischen Knechtschaft acht Tage lang ihr Passah-Fest.

Das Osterlamm wird auch als Lamm Gottes bezeichnet und ist oftmals mit einem Fähnchen geschmückt. Diese sogenannte »Siegesfahne« drückt symbolisch den Sieg Christi über den Tod aus.

In der Abbildung oben ist das Lämmchen aus Kuchenteig gebacken. Es sitzt auf einem Osterei inmitten einer »Weizenwiese«. Die Kinder haben an diesem Tischschmuck sicherlich Freude, auch wenn ihnen der Ausgangsgedanke der Gestaltung nicht bewusst ist. Größeren Kindern kann man die »Passah-Geschichte« erzählen, dann erkennen sie, dass auch »Niedliches« durchaus auf ernstem Gedankengut basieren kann.

Das Ei als Ursprung der Schöpfung

Seit Urzeiten wird das Ei mit einem Weltwunder verglichen und als eines der größten Rätsel der Welt angesehen.

Das Ei hat weder Kopf noch Füße, es ist weder lebendig noch tot und doch ist es Sitz des Lebens. Es ist Symbol der Vollendung, der Fruchtbarkeit, der Geburt und der Wiedergeburt. Die christliche Kirche benutzt das Ei als Symbol für die Auferstehung Christi. Dazu gibt es einen einfachen, volkstümlichen Reim: »Wie der Vogel aus dem Ei gekrochen, hat Jesus Christus das Grab zerbrochen.«

Die Ägypter und Perser haben nachweislich schon 5000 Jahre v. Chr. anlässlich der Frühlingsfeste, an denen sie alljährlich einen neuen Lebensbeginn feierten, bemalte Eier verspeist. Die Chinesen bezeichnen das Ei als »Strom des Lebens« und verschenken es zur Geburt eines männlichen Nachkommens. Nach einem alten chinesischen Glauben ist China aus einem Ei entstanden. In der Schöpfungsgeschichte der Hindus war es ein goldenes Ei, aus dem das ganze Universum hervorgegangen ist. Eine finnische Sage enthält eine sehr anschauliche Interpretation von der Erschaffung des Weltalls. Darin hat der Gott der Lüfte ein goldenes Ei auf das Knie der im Ozean schlummernden Meeresgöttin gelegt. Als die Göttin erwachte, zerbrach das Ei und es bildete sich das Universum. Die obere Hälfte der Schale wurde zum Himmel, das Eidotter zur Sonne, das Eiweiß zum Mond und aus den Schalensplittern entstanden Sterne und Wolken.

Ostersonntag

Ursprünge des Eier suchens

Das Osterfest wird von vielen überlieferten Eierspielen wie Eier schieben, Eier picken, Eierwettlauf und Eier drehen begleitet.

Doch unter allen österlichen Spielen rund um das Ei ist heutzutage das Eier suchen die beliebteste und wohl meist verbreitete Festfreude, vor allem für Kinder.

Vermutlich brachten Kreuzfahrer die Sitte des Eier verschenkens mit nach Europa. Unbekannt ist, seit wann man die Eier auf der Wiese und im Garten versteckt und der Finder sie behalten darf. Möglicherweise entstand diese Sitte aus der bäuerlichen Gepflogenheit, im Frühjahr beim Bestellen des Ackers Eier mit unterzupflügen. Dadurch erhoffte sich der Bauer einen reicheren Ernteertrag, weil er glaubte, dass sich die im Ei schlummernden Kräfte günstig auf die Bodenfruchtbarkeit auswirken würden.

Den Kindern wird diese Handlung nicht ganz verborgen geblieben sein, zumal nicht jedes Ei tief genug beim Pflügen unter die Ackerkrume gelangt sein mag und aus der braunen Erde hervorgeblitzt hat. Die Verlockung war groß, sich dann heimlich die Eier zu stibitzen. Vielleicht hat sich daraus der Brauch des Versteckens, Suchens und Findens der Ostereier entwickelt.

Interessant ist noch, dass auch die Wildvogeleier im Hinblick auf die Mutmaßungen über das Ostereier suchen eine große Rolle spielen. In der Zeit unserer Vorfahren vor der Industrialisierung erwartete man freudig die Wiederkehr der Zugvögel. Nicht

Es steigert die Vorfreude auf Ostern, wenn Kinder für den Osterhasen ein Nest vorbereiten dürfen und groß ist dann die Spannung, ob der Hase auch wirklich Eier gebracht hat.

Osterlamm und Ostereier

nur, dass ihr Kommen den Sommer ankündigte, auch der Speisezettel wurde durch ihre Gelege, die wahre Köstlichkeiten waren, aufgewertet.

Die Wintervorräte gingen zur Neige, die neue Saat befand sich gerade im Boden. Also begab man sich im Frühjahr auf die Suche nach Wildvogeleiern. Fand man sie, versprach ihr Genuss unerhörte Gaumenfreuden.

Volkskundler sehen da einen ganz starken Zusammenhang mit dem heutigen Brauch des Ostereiersuchens. Allerdings, eine eindeutige Klarheit gab es nie.

Im Mittelalter wurden Zins, Pacht und sonstige Abgaben an die Kirchen, Klöster und Grundherren in Naturalien bezahlt. Als Zahlungsmittel dienten Eier, Lämmer, Hühner und anderes Geflügel. Da der Stichtag meistens in die Frühlingszeit und somit auch in die Vorostertage fiel, ist als Folge dieser »Naturalwirtschaft« das Eier verschenken geblieben.

Zum Osterfest gehören Ostereier

Ostereier in der Vielfalt, wie wir sie heute als festes, unabdingbares Attribut von Ostern ansehen, gibt es seit etwa dreihundert Jahren. Neben den schon länger bekannten rot gefärbten Eiern, den »Rot-Eiern«, begann man nun auch andere Farben für das Eier färben zu benutzen. Dabei verwendete man Naturfarben, die aus den Pflanzensäften von Rote Bete, Spinat, Zwiebeln, Brennnesseln oder Sumpfdotterblumen gewonnen wurden.

Später verschönerte man die Eier dann mit Mustern, Bildern und Verzierungen in verschiedenen Techniken, bis regelrechte Kunstwerke entstanden.

In der Volkskunst einiger Länder, wie Rumänien, Ungarn, Polen, Russland entwickelten sich unverwechselbare traditionelle Muster und Techniken von höchster Feinheit.

Dabei waren gefärbte Eier aus Ägypten und China längst bekannt. Dort gab man den Toten verzierte Eier als Grabbeigabe mit auf die Reise ins Jenseits, sozusagen als Wegzehrung für die Wiedergeburt in einem neuen Leben. Auch in vorgeschichtlichen Steingräbern fanden sich aus Lehm geformte, eiähnliche Gebilde. Aus dem 4. Jahrhundert stammen die als Grabbeigaben in der Gegend um Worms gefundenen gefärbten und mit Blumen bemalten Gänseeier. Nicht selten zeigten diese Eier eine rötliche Färbung. Rot gilt als Farbe des Lebens, welches den Verstorbenen erhalten bleiben sollte, auch über den irdischen Tod hinaus.

Im Laufe der Zeit hat sich das Eier bemalen in der Vorosterzeit zum regelrechten Familienspaß entwickelt. Hierbei können die Kinder je nach Alter und Mentalität Eier im farbigen Tauchbad grundieren oder ihnen mit Ausdauer und Geduld Muster aufmalen, aufkleben oder darauf Stempeldruck mit rohen Kartoffeln ausprobieren, beziehungsweise das Marmorieren praktizieren.

Längst ist das Verschönern der Ostereier von Hobbyisten als kreative Freizeitbeschäftigung entdeckt worden. Dabei bringen es Geübte bis zur künstlerischen Perfektion.

Ostersonntag

Ostereier in Ätz- und Schabtechnik mit traditionellen österlichen Motiven verziert.

Wichtig ist, dass bei allem Enthusiasmus die Freude und der Spaß erhalten bleiben, und dass selbst die »Kleinsten« der Familie mit ihrem geschaffenen Werk Anerkennung finden.

Spezielle Anleitungen zum Eier anmalen und verzieren werden in diesem Buch nicht gegeben. Es gibt reichlich Literatur zu diesem Thema.

Der Hase als Ostereierbringer

Was wäre das Osterfest ohne die Osterhasen? Doch das war nicht immer und überall so. Seine Mission als Eierbringer musste er ursprünglich mit anderen Mitbewerbern teilen. Der Volksglaube traute auch noch anderen Tieren die unwahrscheinliche Fähigkeit der Eiervergabe zu.

Der Fuchs soll diese Tätigkeit in Hannover und in einigen Landstrichen von Ostfriesland, in Ravensburg und Westfalen erledigt haben. Der Hahn spielte Eierbote in Oberbayern, Österreich und in Teilen von Thüringen. Der Kuckuck erledigte »das Geschäft« in der Altmark, im Braunschweiger Land, in Siebenbürgen und im Solling. Der Storch übernahm die Aufgabe in der Rhön und in Thüringen.

Osterlamm und Ostereier

Ein Zufall soll dem Hasen angeblich zu seiner großen Beliebtheit verholfen haben. Der Osterhase ist durch das Missgeschick eines Bäckers entstanden, der ein Osterlamm backen wollte. Stattdessen kam aus dem Backofen ein Gebilde, das dem Aussehen nach eher einem Hasen glich, als dem beabsichtigten Lamm. Von dieser Zeit an bürgerte sich das Backen von Hasen zum Osterfest ein. Es dauerte dann nicht mehr lange, bis die Schokoladenindustrie die Hasenform aufgriff. Sie verhalf dem Osterhasen zum endgültigen Durchbruch als Symboltier für die Osterzeit, allerdings nur im deutschsprachigen Raum. Dort besitzt er bis zum heutigen Tage eine ungebrochene Popularität.

Der Hase genoss schon von alters her im mythischen Denken bei den Ägyptern und den Griechen ein hohes Ansehen und das nur wegen seiner Fruchtbarkeit. Deshalb setzten die Ägypter dem Hasen sogar Denkmäler aus Marmor und sie trugen Amulette in Hasenform. Die Griechen opferten den Hasen als heiliges Tier der Liebesgöttin Aphrodite. Auch glaubten sie mit dem Verzehr von Hasenfleisch dessen besondere Fähigkeit zur Fortpflanzung in sich aufzunehmen.

In guten Zeiten wird dem Hasen im Laufe eines Jahres ein reicher Kindersegen beschert. Durch die Autos, durch die Methoden der Landwirtschaft und die Einschränkung seines natürlichen Lebensraumes ist seine Art in einigen Gegenden enorm dezimiert worden.

Zum Transport der Ostereier wurde der Hase in der menschlichen Phantasie mit einer Kiepe ausgestattet, damit er genügend Eier in die von Menschenhand vorbereiteten, mit Moos und Zweigen geformten Nester verstecken konnte, wie es oft auf Bildern zu sehen ist.

Wir nehmen hier die Kiepe, füllen sie aber nicht mit Eiern zum Osterfest, sondern mit einem ganzen Arm voll von Frühlingsblumen und -zweigen. Die ganze Pracht ist rechtzeitig zum Osterfest am Sonntagmorgen erblüht und durchströmt die Wohnung mit ihren zarten, vielversprechenden Düften.

Eine Kiepe voll Frühlingsduft

Wenn eine Kiepe, wie sie auf der Abbildung 82 gezeigt wird, nicht vorhanden ist, tut ein etwas höherer Einkaufskorb die gleichen Dienste.

Die abgebildete Kiepe hat eine in der Höhe und Breite passende Vase als Einsatzgefäß erhalten, damit die Wasserversorgung der Blumen gewährleistet ist und der Wassernachschub problemlos erfolgen kann.

In die Vase wird im oberen Drittel ein Stück Maschendraht (Maschenweite 6 cm) zu einem lockeren Knäuel geformt und eingepasst. Die Maschen des Knäuels dürfen nicht zu fest zusammengepresst sein, sonst erschwert es das Hineinschieben der Blumenstiele. Der Maschendraht erfüllt die gleiche Funktion wie ein Steckmasseblock, allerdings mit dem Vorteil, dass er sich immer wieder verwenden lässt. Er ist gerade für größere Gefäße eine geeignete Steckhilfe, denn die Blumenstiele finden durch die mehrfach

Ostersonntag

Eine Kiepe voller Frühlingsblumen: Tulpen, Osterglocken, Narzissen und Zweige des Zierapfels.

übereinander geschichteten Maschen immer einen Halt und ermöglichen eine lockere Anordnung der Blumen.

Damit sind die technischen Voraussetzungen für den geplanten Blumenschmuck in der Kiepe gegeben. Nun heißt es nur noch, sich für die geeigneten Zweige und Schnittblumen aus der Fülle des Angebotes zu entscheiden. Zuvor sollte ein Stellplatz ausgesucht werden, um eine bestimmte Farbrichtung anstreben zu können. Dabei wären Blumenkombinationen der Farben Gelb-Goldgelb-Orange oder Rosé-Pink-Violett zwei von vielen Möglichkeiten. Liebt man dagegen kontrastreichere Farbkombinationen, so ließen sich auch Farben in den Tönen Gelb und Blau oder Rot und Blau vereinen. Grüntöne sind bei allen Blumenzusammenstellungen als natürliches Blattgrün immer dabei und werden nicht extra als Farbe erwähnt.

In der Kiepe ist alles gesteckt angeordnet. Das Arrangement zeigt die ganze Fülle der voll in Blüte stehenden roten Tulpen, gelben Osterglocken, weißen kleinkronigen Narzissen und den Zweigen mit Knospenansatz des Zierapfels. Bastfadenverschlingungen und die frischen Triebe des gelbgrünen Spindelstrauches ranken am Korb herunter und stellen eine optische Verbindung zu dem mit Heu ausgelegten Tisch her.

Das Heu schafft wiederum einen Übergang zu demselben Material am Korbrand. Es dient gleichzeitig dazu, das Gefäß im Korb festzusetzen.

Der Holzziervogel passt sich farblich genau den Tulpen an und ist wie die Schafe eine kleine, modische Extravaganz, nicht nur zur Freude der Kinder.

Sicher kann dieses Beispiel nicht genau in dieser Form nachvollzogen werden. Jeder hat andere Gefäße, einen anderen Korb, vor allem andere Blumen und Zweige. Dennoch wird die Abbildung für eine eigene Gestaltung hilfreich sein.

Hängender Osterschmuck

Ein Gänseblümchen-Eierkranz

Material
- 10 Watteeier oder ausgeblasene Hühnereier
- 2 Feinhaarpinsel, Stärke 1 und 4
- 3 Plakafarben: Moosgrün, Maisgelb und Weiß
- 80 cm kunststoffummantelter Draht mit verzinktem Kern, ⌀ 2 mm
- 1 zart verzweigter Birkenreiser, mindestens 1 m lang
- 40 Holzkugeln in Weiß, Grün und Gelb, ⌀ 14, 10 und 8 mm
- 3 m goldgelbes Band, 9 mm breit
- Papierschere, Rundzange, Kneifzange

Anleitung
Der Zauber der Gänseblümchen, dieser ganz besondere Nimbus, der die kleinen bescheidenen Bewohner fast aller Wiesen und Grünanlagen umgibt, berührt so manches Herz. Sind auch Sie ein Gänseblümchenmensch? Wenn ja, dann sollte Ihnen die Herstellung eines Kranzes, wie die Abbildung 84 ihn zeigt, besonders Freude bereiten. Es ist ganz einfach. Die Watteeier werden grün grundiert und dann mit aufgemalten Gänseblümchen verziert. In unregelmäßigen Abständen wird der gelbe Blütenboden aufgemalt. Für die feinen weißen Blütenblättchen den Haarpinsel Stärke 1 benutzen. Es muss sehr sauber gearbeitet werden, was etwas Geduld erfordert. Aber sind die Eier erst einmal bemalt, hat man bereits die wesentlichen Bestandteile für einen wunderschönen Tür- oder Wandschmuck geschaffen.

Die Eier, und jeweils eine Perle dazwischen, werden auf den kunststoffummantelten Draht aufgezogen. Er darf nicht dünner als 2 mm im Durchmesser sein, sonst bleibt die Kranzform nicht stabil und verformt sich zum Oval.

Bevor man mit dem Auffädeln beginnt, eine Öse biegen. So können die Eier erstens nicht vom Draht rutschen und zweitens dient die Öse dem Zweck des Verbindens, indem am Schluss das Drahtende durch den Ösenring gezogen und ebenfalls zu einer Öse gebogen wird. So erhält die runde Form des Eierkranzes Stabilität. Ganz besonders hübsch wirkt das zarte gewundene Birkengeäst, welches den Eierkranz filigran umspielt.

Der Kranz bekommt nun seine Aufhängung aus schmalem gelbem Seidenband. Daran wird die aus mehreren Schlingen bestehende Schleife gebunden. Als besondere Note mit frühlingshaft frischer Wirkung werden an mehreren Schnüren bunte Perlen in unregelmäßigen Abständen aufgefädelt und ebenfalls an der Aufhängeschlaufe befestigt. Fertig gestellt wird

Hängender Osterschmuck

dieser Kranz ein Objekt der Freude sein, denn mit seinen Gänseblümchen ist er etwas ganz Besonderes …

Birkenkranz im Bauernlook

Dieser Osterkranz (Abbildung rechts) lebt von der bäuerlich-ländlichen Ausstrahlung und der feinen Abstimmung zwischen Bandschmuck und der dazu farblich angepassten Eierbemalung. Steckzwiebeln und kleine Basteierringe unterstützen die rustikale Wirkung.

Biegsame Birkenzweige sind ein ideales Material für die Kranzherstellung. Für den abgebildeten Kranz wurde wieder die Technik des Windens und Umschlingens angewendet, wie sie des öfteren in diesem Buch vorgestellt wird. Eine genaue Arbeitsanleitung ist auf Seite 29 und 30 zu finden.

Der Kranz hat einen Außendurchmesser von 30 cm und einen Innendurchmesser von 16 cm. Daraus ergibt sich ein wohlproportionierter Kranzring mit einer Kranzkörperbreite von 7 cm. Beispiele zu einer ausgewogenen und einer schlechten Kranzproportion sind auf Seite 57 dargestellt.

Beim Anfertigen des Kranzes müssen die Birkenreiser so oft herumgewunden werden, bis die entsprechenden Maße erreicht sind. Sollten einige Birkenreiser sich als zu widerspenstig erweisen, dann kann dünner Draht zu Hilfe genommen werden. Der Kranz gewinnt zudem an »Leichtigkeit«, wenn sich einige Birkenzweiglein grazil aus der festen Gesamtform gelöst haben und ihn ungezwungen umspie-

Oben: Birkenkranz im Bauernlook.

Links: Gänseblümchen-Eierkranz.

Hängender Osterschmuck

len. Ist er optisch rund und fest zusammengefügt, kann mit dem Schmücken begonnen werden. Hierzu sind folgende Gestaltungsmittel ausgewählt worden:

Material
- 2 m grünes Band, 2,5 cm breit
- 2 m braun-grün-beige kariertes Band, 1,5 cm breit
- 6–10 grüne und braune Holzkugeln
- 4 Watteeier in Hühnereigröße
- Alleskleber
- Papierschere
- Steckzwiebeln
- Zahnstocher

Anleitung
Zuerst wird das unifarbene Band sieben- bis achtmal locker um den Kranzkörper gewickelt. Anfang und Ende verbinden sich unten zu einer Schleife, deren Ausläufer ungefähr 40 cm lang herunterhängen. Sie erhalten jeweils ein Ei mit Holzperle als Abschluss. Beides wird mit einem Tropfen Alleskleber gesichert. Nun das karierte Band in zwei etwa gleich große Schleifen binden. Die Technik ist auf Seite 118 erklärt. Sie werden oben und unten auf dem Birkenkranz festgeklebt. Wie auf der Abbildung zu sehen ist, sind bei der unteren Schleife die Bandenden länger. Jeweils ein Bandende schließt mit einem Ei und einer Perle ab. In unregelmäßigen Abständen werden nun farbige Perlen auf die Bänder gefädelt. Unkompliziertheit gewinnt der Schmuck durch das einfache Anknoten von kurzen karierten Bandstücken an die grüne Bandwicklung.

Wer nun den Hang zum weiteren Schmücken hat, kann aus Bast kleine Ostereier winden, sie mit grünem Faden umwickeln und in die Schleifen einfügen. Zum Abschluss werden in zwangloser Anordnung Steckzwiebeln mit Zahnstochern in das Birkengeschlinge geschoben.

Dieser rustikale Osterkranz besticht durch seine harmonisch erdverbundene Farbigkeit, klare Gestaltung und nicht zuletzt durch seine wunderschönen bemalten Ostereier. Kurzum, der Kranz strahlt Gemütlichkeit aus.

Zum Schluss ein guter Rat
Wer Lust, Zeit, Laune und viel Kreativität besitzt, »produziert« ein paar Kranzmodelle auf Vorrat. Verwandte, Freunde und Nachbarn lassen sich damit bestimmt gern beschenken.

Tonspatz im Reisigheim

Material
- 1 Hand voll gut biegsamer Birkenzweige von ungefähr 60 cm Länge
- 4 flache Birkenastscheiben, ⌀ 2 cm
- 1 Tonspatz
- 1 Efeuranke, ungefähr 10 cm lang
- Fäden, Nadel, Steckzwiebeln
- Holzperlen in den Farben Weiß, Rot und Gelb (im Kranz wurden cirka 80 Perlen verwendet)
- Wickeldraht, Zange, Zahnstocher, etwas Moos

Eine Bastelarbeit, die vor allem Kindern Freude macht und dann ein fröhlicher Frühlingsschmuck fürs Kinderzimmer ist: der Tonspatz im Reisigheim.

Hängender Osterschmuck

Anleitung

Dieser fröhliche, besonders Kinder ansprechende Wandschmuck (Abbildung Seite 87) ist in seiner Herstellung denkbar einfach. Auch hier wird zunächst einmal mit dem Winden eines Birkenkranzes begonnen (siehe Seite 29 und 30). Dieser muss nicht unbedingt völlig rund und seitengleich sein, ja, eine gewisse »Unordnung« ist beabsichtigt; sie lässt den Kranz ungezwungen und natürlich aussehen. Dazu tragen auch die kleinen Birkenspitzen, die ringsherum spielerisch herausragen, bei.

Zum Auffädeln der Ketten aus Perlen und kleinen Steckzwiebeln lassen sich Kinder sicher gern motivieren. Da der Reisigkranz in seinem Gefüge recht locker ist, fällt das Einschieben der flachen Birkenscheiben nicht schwer.

Um dem Tonspätzchen Halt zu geben, verfährt man wie folgt: Ein Flaschenkorken wird in das Loch, welches sich an der Spatzenunterseite befindet, geklemmt. In den Flaschenkorken werden 2 bis 3 Zahnstocher gesteckt, etwa bis zur Hälfte ihrer Länge. Bevor der Spatz nun seinen Sitz im Reisigkranz beziehen kann, wird an eben dieser Stelle ein gegabeltes Ästchen eingeschoben. Moos wird zu einem Bündelchen gefasst und mit Bindedraht umwickelt, dessen Enden so lang bleiben sollten, dass das Bündelchen damit an den Birkenzweigen befestigt werden kann. Mit dem Efeu wird ebenso verfahren. Nun kann unser kleiner Spatz Einzug halten ins neue Heim. Eine blau-naturfarbene Kordel dient zur rustikalen Aufhängung.

Wandkranz aus Buchsbaum

Tür- und Wandkränze haben in den letzten Jahren an Beliebtheit gewonnen. Während die Türkränze der Adventszeit oft aus Tanne oder verschiedenartigem Koniferengrün gebunden werden, bevorzugt man in den Osterwochen Kränze aus Buchsbaum, Heu, Weidengeflecht oder Birkenreisig.

Buchsbaumkränze wirken durch das satte Blattgrün sehr schlicht. Blüten- und Bandschmuck verleihen dem grünen Kranz einen frühlingshaften Charakter. Doch bevor mit dem Schmücken begonnen werden kann, gehört neben ein wenig Geschick auch Ausdauer dazu, einen Buchsbaumkranz gleichmäßig rund und dick zu binden.

Da der Kranz für die Wand bestimmt ist, braucht er nur »einseitig« und halbrund gebunden zu werden. Daher befinden sich die Buchsbaumspitzen nur auf der Oberseite des Kranzes. Die Kranzrückseite bleibt also frei. Dieser Vorschlag spart nicht nur Material, sondern auch Zeit.

Material

- Buchsbaumzweige, mehrere Hände voll
- Reif aus Weidenzweigen, ⌀ 30 cm oder gewellter Drahtring
- 1 Rolle Bindedraht

Anleitung

Die Buchsbaumzweige auf ungefähr 10 bis 15 cm lange Abschnitte schneiden, dabei keine Blättchen durchtrennen, sondern immer knapp über dem Blattansatz den Zweig schräg durch-

Wandkranz

Die größte Sorgfalt beim Binden eines Kranzes erfordert das Schließen, der Übergang vom Ende in den Anfang. Genaue Beschreibung auf Seite 90.

Unten: der fertig geschmückte Kranz.

schneiden; Zweigstückchen, die Abfall sind, aufbewahren.

Biegsame Weidenzweige gefühlvoll zu einem festen Kreis biegen, den Durchmesser abmessen, und dann die Zweige soweit kürzen, dass Anfang und Ende einige Zentimeter übereinander greifen. Die Kontaktstelle fest zusammenbinden.

Den Draht an der linken Reifseite befestigen und die Zweigreste rund um den Reif legen und festbinden, dabei den Draht von innen nach außen in gleichmäßigen Windungen mit mehreren Zentimetern Zwischenraum führen. Dabei entsteht ein Wulst von ungefähr 4 cm Durchmesser. Den Draht am Ende belassen, um damit im zweiten Arbeitsgang die Buchsbaumspitzen auf den Wulst zu binden.

Von den vorbereiteten Buchsbaumspitzen bis zu zehn Zweige zu einem Fächer in der Hand zusammennehmen. Dabei müssen die Fächer zu Anfang der ersten Reihe immer etwas länger sein als die folgenden, das vereinfacht später den Kranzschluss.

Mit drei Drahtumwicklungen befestigt man jedes Fächerpäckchen am unteren Drittel seiner Stiele auf dem Wulst. Wichtig ist dabei, schon die erste Drahtumwicklung fest anzuziehen. Alle weiteren Fächer werden schematisch auf den Wulstring gebunden, so dass die Oberseite einen gleichmäßig bebundenen Kranz ergibt. Jede neu angelegte Fächerreihe verdeckt die Drahtwindungen der vorigen. Dabei ist auf einen gleichmäßig breiten Kranzkörper von ungefähr 10 cm zu achten, da der fertig gebundene Kranz einen Außendurchmesser von 40 cm haben soll.

Für das Kranzende wird der Anfangsfächer etwas hochgebogen und die Endfächer darunter so angeschlossen, dass ein glatter Übergang zwischen Anfang und Ende entsteht. Ratsam ist es, die letzten Buchsbaumspitzen zum Teil in ihrer Länge einzukürzen und zu kleineren Mengen zusammenzufassen. Abschließend wird der zu Beginn zurückgebogene Fächer des Kranzanfangs über das Ende zurückgebogen und vorsichtig der Draht über die Anfangsspitzen geführt. Das Drahtende abkneifen und an einer Drahtwindung verdrehen.

Schmuck des Wandkranzes

Material
- Veilchenblüten aus Seide
- 18 kleine gelbe Narzissenblüten aus Seide
- 1 Stiel Schleierkraut, frisch oder getrocknet
- 1 Rolle dünnen Zierdraht, auch Myrtendraht
- 2 bis 3 m veilchenblaues Schleifenband, 1,5 bis 2 cm breit

Anleitung
Die Stiele der Veilchenblüten auf 3 cm kürzen und zu je sieben Blüten zusammen andrahten. Die kleinen Blütentuffs werden gleichmäßig auf dem Kranzkörper abwechselnd mit jeweils drei Narzissen und etwas Schleierkraut verteilt und vorsichtig an einzelnen Buchsbaumtrieben festgedreht, ohne dabei die Blättchen mit einzuwickeln.

Die Seidenblüten wirken recht natürlich und keineswegs störend im Blattgefüge des Kranzes. Frische Blüten würden sehr schnell welken. So fertiggestellt hat der Kranz eine lange Lebensdauer und selbst wenn die Buchsbaumblättchen sich beim Trocknen ein wenig zusammenziehen, büßt er nur wenig von seiner Schönheit ein.

Ungewöhnlicher Türschmuck

Bei diesem Türschmuck (Abbildung rechts), der durch seinen großzügigen lockeren Schwung besticht und durch die Eleganz der Halmspitzen, die sich eigenwillig aus dem gewundenen

Dekoration muss nicht immer bunt sein. Der Türschmuck aus trockenen Gräsern und Tonfiguren wirkt besonders gut auf einem dunklen Hintergrund.

trockenen Halme vom Vorjahr abgeschnitten werden. Einmal in der Hand, verführen sie geradewegs zu einer phantasievollen Dekorationsarbeit.

In diesem Fall wurden zahlreiche Halme von ungefähr 1,50 m Länge in der Mitte zu einer Schlaufe gebogen und im lockeren Schwung – wie die Abbildung zeigt – zusammengefügt. Zum Verschnüren benutzte man ein Lederband, welches besondere Festigkeit besitzt und sich gleichzeitig farblich gut einfügt. Das Verschlingen sollte großzügig geschehen, den Gräsern muss eine gewisse Eigenwilligkeit gestattet werden.

Ostereier und Vögelchen aus Terrakotta und etwas grünes Band vervollständigen nun diesen wirklich eindrucksvollen, sehr außergewöhnlichen Türschmuck. Besonders hübsch nimmt er sich auf dem Hintergrund einer dunklen Tür aus.

Eiertraube

Diesmal werden die ausgepusteten Eier nicht zu einer Kranzform aneinander gereiht, sondern zu einer großen Traube zusammengenommen. Diese dekorative Eieranordnung ist aus wenigen Schmuckmitteln und mit geringem Aufwand leicht und innerhalb kurzer Zeit herzustellen und es ist sicherlich kein alltäglicher Schmuck.

Die Eiertraube ist als hängender Raumschmuck vorgesehen, wobei als Wirkungsraum an eine Fensternische oder an den Bereich zwischen zwei Fenstern, an die Mitte von einem großen Türrahmen oder an einen

Rund schlängeln, kann man auf Pflanzenmaterial zurückgreifen, das im Frühjahr bei den ersten Gartenarbeiten der Schere zum Opfer fällt. Es handelt sich um hochwachsendes Schilfgras oder Goldleistengras, das bis zu 3 m hoch werden kann. Da sie jedes Jahr neu austreiben, müssen die

Hängender Osterschmuck

Platz im Treppenhaus gedacht worden ist. Entdecken Sie in Ihrer Wohnung geeignete Plätze, die in Blickrichtung liegen oder verschenken Sie die Eiertraube als originelle Ostergabe.

Material
- etwa 10 bis 20 Holzeier in Gelb und Weiß in verschiedenen Größen, bereits mit Faden versehen, fertig im Handel zu erwerben
- 10 Wacholderzweige, 10 bis 30 cm lang
- 5 Buchsbaumzweige, 15 bis 30 cm lang
- 6 »Kätzchen-Zweige« 18 bis 38 cm lang
- 60 cm langes, gelbes Band, mindestens 3 cm breit
- Wickeldraht oder Bastfaden
- 1 Tube Alleskleber

Anleitung
Die Wacholderzweige zu einem Büschel zusammennehmen und lose zusammenbinden. Die Eier so andrahten, dass immer mehrere in unterschiedlicher Länge herabhängen. Diese 3 bis 4 Gehängeteile in das Grünbüschel ziehen und befestigen.

Leicht gebogene Kätzchenruten mit den Buchsbaumzweigen zum Abschluss rund um das Wacholderbündel legen. Bei den Kätzchenzweigen sollte der Schwung leicht nach außen zeigen. Mit dem Band alles fest zusammenbinden. Es wird zweimal um die Bindestelle gelegt und das Bandende

Die Eierversammlung ist ein passender Schmuck für die Küche.

Eiertraube

Das Blau wirkt zwar kühl, hier aber auch sehr vergnügt.

mit einem Tropfen Klebstoff befestigt. Die Abbildung Seite 92 zeigt die weißgelbe Eiertraube zwischen Motivkacheln in einer Küche.

Lust auf Blau

Die Farbe Blau drückt Sehnsucht aus und ist im übertragenen Sinn passend zur Frühlingsstimmung. Sehnsucht zeigt sich nach der aus dem Winterschlaf erwachenden, neuen Natur, nach zartem Wachstum, nach Sonne und längeren Tagen, kurzum man ist voller Erwartung, was das neue Jahr bringen wird.

Da unsere Sinne so ganz auf Blau ausgerichtet sind, ist das Osterfest ein willkommener Anlass, schwelgerisch mit dieser Farbe umzugehen. Wir bemalen Ostereier in vielen Schattierungen von Blau, mit Punkten, Kreisen, Streifen und geometrischen Figuren. Passend dazu wird ein gewunden gewachsener rindenloser Ast blau eingesprüht und dient als dekorative Aufhängevorrichtung für all die kleinen adretten Kunstwerke (Abb. Seite 93).

Zum Aufhängen der Eier wird blaues Baumwollgarn benutzt. Sie können angeknotet oder mit Reißzwecken befestigt werden, die dann allerdings farblich angepasst werden sollten. Als besondere Zier wurden die Ostereier zusammen mit kleinen weißen oder blauen Perlchen aufgefädelt. Das blauweiße Vogelhäuschen im Hintergrund wird von einem Buchenzweiglein umspielt und ein kleiner Vogel mit blauer Haube äugt aus dem Schlupfloch hervor.

Ostereierkaskade

Birkenreisig ist eine schier unerschöpfliche Materialquelle für kreatives floristisches Gestalten, wie auch hier, wo mit 20–30 langen dichten Reisern ein Objekt von elegant fließendem Charakter geschaffen wurde. Band und Eierschmuck, farblich aufeinander abgestimmt, führten es zu bestechend schöner Form und Vollendung (Abbildung rechts).

Material
- 3,50 m Band mit Drahtrandeinlage, 5 cm breit, 20–30 cm lang
- möglichst dichte Birkenreiser bis 1,20 m Länge
- 8 bemalte Ostereier (hier Watteeier) bemalt mit Plaka- oder Acrylfarben auf Wasserbasis
- Feinhaarpinsel Größe 1 und 4
- Holzperlen 8 und 10 mm $\varnothing$ in Rot, Gelb und Grün
- Baumwollfaden (Gartenschnur)
- Myrtendraht (Wickeldraht)
- Stopfnadel mit großem Öhr
- Kneifzange
- Papierschere

Arbeitsweise
Die Birkenreiser werden an den Astenden von der linken Hand umschlossen und mit Wickeldraht fest abgebunden. Damit besitzt man das fertige Grundelement der Gestaltung.

Nun kommt das Schmuckband zum Einsatz. Oben die Drahtwicklung abdeckend (binden und knoten) schlängelt es sich in lockeren Windungen um die Reiser herum bis fast zu deren Spitze, wo beide, Band und Reiseren-

Die Ostereierkaskade ist ein schöner Schmuck für einen Raum mit Holzmöbeln im ländlichen Stil. Mit den Farben richtet man sich nach den vorhandenen Grundfarben, etwa der Vorhänge.

Hängender Osterschmuck

Festliches Buchsbaumgeäst. Ein Wandschmuck, wie er eher zufällig aus anfallendem Material entsteht. Trotzdem gelingt die Gestaltung nur, wenn man sie wohlüberlegt und mit Sorgfalt angeht.

den mit Wickeldraht vorsichtig zusammengebunden werden. Die Ränder des Schleifenbandes besitzen eine Drahtführung. Diese erlaubt ein individuelles Formen und Drehen des Bandes. Den Abschluss bilden drei, in verschiedener Länge herabhängende, glatte Bandbahnen. Sie werden ebenfalls auf die Drahtwicklung gebunden.

Eier bemalen und schmücken
Wie im Buch schon häufiger erwähnt, greifen wir gern auf die sogenannten »Watteeier« zurück. In entsprechender Größe sind sie den Hühnereiern durch ihre Bruchsicherheit weit überlegen. Dadurch gestaltet sich das Bemalen auch so einfach. Man darf sie

fest anfassen, und ist der Pinsel tatsächlich einmal außer Kontrolle geraten, kann der Schaden durch Übermalen schnell behoben werden. Die Watteeier saugen die Farbe gut auf, trocknen schnell und verlaufen nicht. Zu empfehlen ist allerdings das Vorzeichnen mit Bleistift. Mit etwas Muße und einer ruhigen Hand wird das Werk dann sicher gelingen.

Die Eierbemalung ist in ihren Farben auf das Band abgestimmt. Punkte und Streifen wechseln sich mit geometrischen Figuren ab und vereinen sich zu einer harmonischen Einheit. Holzperlen bilden auch hier den zierenden Abschluss am Boden und an der Spitze der Eier. Alles ist auf einem unauffälligen grünen Baumwollfaden (auch Gartenschnur) aufgefädelt, mit Hilfe einer großöhrigen Nadel.

So fertiggestellt, können die Eier einfach an ein Birkenzweiglein geknotet werden oder aber man umwickelt das Fadenende mit einem kurzen Draht, der dann zu einem kleinen Haken umgebogen wird. So lassen sich die einzelnen Eier leicht an der richtigen Stelle einhängen. Ihre Anordnung in dem kaskadenartig herabfließenden Reisigbündel bleibt jedem selbst überlassen.

Dieser Osterschmuck besticht durch seinen großzügigen Schwung und ist ohne komplizierten Arbeitsaufwand herzustellen.

Festliches Buchsbaumgeäst

Ein glücklicher Zufall führte zu einem individuellen und nicht alltäglichen hängenden Osterschmuck.

In der Nachbarschaft wurde ein verholzter und wenig beblätterter Buchsbaum gerodet. Bei näherem Betrachten regte das gebogene und mit sparsamem Wurzelgestrüpp versehene Buchsbaumgeäst zu einer Gestaltung an, wie sie auf der Abbildung links zu sehen ist.

Zwei Brezeln – in der traditionellen Form, wie mehrfach erwähnt –, weiße Ostereier und ein weißer Bandschmuck sind die auffälligsten Schmuckteile. Das Weiß der Bänder hebt sich farblich wohltuend von den grau-bräunlichen holzigen Ästen ab und wirkt zusammen mit den weißglänzenden Eiern optisch klar und rein. Die Schleife mit ihren herabfließenden Bändern könnte dabei Sinnbild für den niederströmenden Segen sein.

Ein Platz für diesen Buchsbaumzweig ist vor jeder unifarbenen Wand möglich, denn nur dort kommen auch seine filigranen Teile zur Wirkung. Ein gemusterter Hintergrund wäre zu unruhig und würde die Wirkung der Zweiglinien mindern.

Die Farbe Weiß hat in dieser Gestaltung die Führung übernommen. Das trübe Braunrot tritt kaum in den Vordergrund, ist aber durch die bogig schwingende Rosinenkette formal so stark vertreten, dass dadurch das Gesamtbild positiv ergänzt wird.

Die Brezeln werden mit Kleber aus der Heißklebepistole an mehreren Punkten fest auf und unter dem Ast befestigt, wobei unbedingt auf eine ausgewogene Balance des hängenden Zweiges geachtet werden muss. Die Rosinen sind auf Wickeldraht aufgefädelt. Es ist zwar eine recht mühselige Tätigkeit, doch die dadurch erzielte Wirkung entschädigt für alles. Die Eier wurden paarweise angeordnet.

Denkbar wären auch andere Gestaltungsmöglichkeiten. Die Anordnung von Brezeln, Rosinen, Band und Eiern bleibt jedem selbst überlassen, wie auch die Wahl der Farben.

Es muss auch nicht unbedingt ein Buchsbaumgeäst sein. Heidepflanzen verholzen in ihren Trieben im Laufe der Jahre und weisen ähnlich interessante Formen auf. Manchmal werden zu dicht gewordene Kronen aus Obstgehölzen herausgeschnitten, die oftmals außergewöhnliche Formen und Linienspiele aufweisen.

Osterschmuck für den Tisch

Der Kräutergarten en miniature

Für den Osterfrühstückstisch ist der Kräutergarten gedacht (Abbildung Seite 54). Buntgefärbte Ostereier zum Essen, kleine gelbe Küken und Heunester gehören symbolisch mit zu den Osterfesttagen. Zum Frühstück isst man ein gekochtes Ei und der frische Schnittlauch sowie die Petersilie verlocken zum Würzen der österlichen Speisen.

Alle Gewürzpflanzen gibt es in Töpfen als Jungpflanzen in den Frischobst- und Gemüseabteilungen der Lebensmittelgeschäfte zu kaufen. Aber auch in Staudengärtnereien oder in Blumengeschäften kann man verschiedene Kräuterpflanzen erwerben.

Ein flacher rechteckiger Spankorb mit den Maßen 40 × 25 × 9 cm wird mit Folie ausgeschlagen und mit Blumenerde dreiviertel voll gefüllt. Bevor mit dem Pflanzen begonnen wird, können die zur Verfügung stehenden Gewürzpflanzen schon einmal zur Probe auf die Erde gesetzt werden, um zu prüfen, ob ihre Anordnung gefällt. Auf jeden Fall sollte ein gut sichtbares Plätzchen für das mit Eiern gefüllte Nest ausgespart werden.

Als Gewürzpflanzen lassen sich Majoran, Petersilie, Salbei, Schnittlauch, Thymian und Zitronenmelisse verwenden. Haben alle Pflanzen die geeignete Stelle im Korb erhalten, müssen sie ein wenig festgedrückt und mit zusätzlicher Erde umgeben werden. Wenn die Erde nicht sichtbar bleiben soll, kann man sie mit Steinen, Heu oder Moosstückchen bedecken. Durch richtiges Pflanzen kann man auch über die Ostertage hinaus Freude an dieser Gestaltung mit Kräutern haben. Man muss jedoch dafür sorgen, dass die Pflanzen nach den Festtagen helles Tageslicht und gleichmäßige Feuchtigkeit erhalten. Auch sollten alle Gewürzpflanzen regelmäßig ausgezupft werden, denn dann bleiben sie buschig, können sich leichter bestocken und bilden keine einzelnen langen Triebe.

Selbst wenn später das Nest entfernt wird, bewächst sich der Kräutergarten zusehends und braucht nicht ergänzt zu werden.

Nestgeflüster

Mitunter liefern uns Waldspaziergänge interessante Fundstücke, wie auch hier ein durch Menschenhand zurechtgeschnittener Astabschnitt, so auffallend in seiner Form, dass er regelrecht einlud zur kreativen Verwendung.

Eine Idee gewinnt Raum. Es werden weitere Naturmaterialien gesammelt: Moos, getrocknete Gräser, verwilderte Forsythienzweige, Farn mit Wurzeln,

Nestgeflüster. Eine Komposition mit viel Phantasie aus Fundstücken von einem Waldspaziergang. Es lohnt sich, kleine Dinge zu sammeln und aufzubewahren.

Osterschmuck für den Tisch

einige faustgroße Kieselsteine und ein Schneckengehäuse.

Ein industriell gefertigter Heukranz (30 cm Außendurchmesser) wird zunächst einmal mit Moospölsterchen und getrockneten Gräsern besetzt. Das geschieht mit Hilfe von Drahtkrampen, die schnell hergestellt werden, indem man vorhandenen Draht in Abschnitte von ungefähr 5 cm Länge zurechtschneidet und rundbiegt. Eine flache Tonschale in passender Größe nimmt nun den Heukranz auf. Mitten hinein wird der knorrige Ast gesetzt, der mit den Kieselsteinen im Kranzinnern befestigt wird. Die Tonvögel finden auf Moospölsterchen ihren Platz. Mit zur Frische und Lebendigkeit trägt der Farn bei, welcher mit der Wurzel in den Ring eingesetzt wird. Farn wächst reichlich im Wald (Artenschutz beachten), siedelt sich aber auch gern in Gärten an, wo er mitunter wie Unkraut wuchert. Ansonsten kauft man sich einen kleinen Topffarn im Blumengeschäft oder in der Gärtnerei. Freie Stellen im Heukranz, die noch nicht ausgefüllt sind, werden mit Moos bedeckt. Ein bizarr gewachsener Forsythienzweig, der ebenfalls mit Drahtkrampen auf dem Heukranz befestigt wird, eine Efeuranke und das Schneckengehäuse runden die kleine Naturstudie ab.

Gänseblümchen-Versammlung

Wer kennt sie nicht, die kleinen weißen und manchmal auch rosa überhauchten Blütchen mit gelber Mitte, üppig vertreten auf Wiesen, in Parks und Gärten. Mit Gänseblümchen verbinden sich Kindheitserinnerungen. Sie sind Blumen des Frühjahrs, obwohl sie auch bis in den späten Herbst hinein ihre Blütenköpfchen den wärmenden Sonnenstrahlen entgegen strecken.

Für den Frühstückstisch im Frühjahr oder zum Osterfest lässt sich recht leicht dieser frische klare Schalenschmuck zusammenstellen (Abbildung rechts).

Material
- 1 flacher Blumenuntersetzer von etwa 40 cm ⌀ aus Terrakotta
- 20–30 Gänseblümchenpflanzen
- einige Gras- und Moosstückchen
- etwas Kokosschnur
- einige weiße Kieselsteine
- 2 Gänse- oder Entenfiguren, etwa 15 cm groß
- 1 Pflanzschaufel

Die Blüten der Gänseblümchen wachsen aus einer Blattrosette heraus und ihre Wurzeln sitzen fest, aber nicht sehr tief ins Erdreich hinein. Sie stehen meist dicht nebeneinander im Wiesengras oder Rasen. Bei Sonnenschein öffnen sie sich und stehen wie kleine Teller auf ihren Stengelchen. Mit einer Schaufel oder einem Esslöffel lassen sich die einzelnen Pflanzen aus dem Erdboden heben. Von Vorteil ist es, wenn die zu bepflanzende Schale gleich mit auf die Wiese genommen wird. So können an Ort und Stelle die Gänseblümchen passend und in ausreichender Menge aneinander gefügt werden.

Osterschmuck für den Tisch

Ein strahlender, freundlicher Schmuck für den Frühstückstisch im Frühling: die Gänseblümchen-Versammlung.

Ein ab und zu dazwischengesetztes Gras- oder Moosbüschel lockert das Bild auf. Ist die Schale bepflanzt, muss vorsichtig angegossen werden. Gießen oder Besprühen ist auch in der Folgezeit sehr wichtig, denn austrocknen dürfen die Pflanzen nicht, allzu leicht verblüht sonst die hübsche Pracht.

Um die Blühfähigkeit zu steigern, empfiehlt es sich, regelmäßig die verwelkten Blüten abzuknipsen. Auf diese Weise wird die Samenbildung verhindert und die Pflanzenkraft ergießt sich in die Bildung neuer Knospen. Zu erwähnen wäre auch noch, dass abgefallene Blütenblättchen einen unordentlichen Eindruck hinterlassen und entfernt werden sollten. Was die Dekoration anbetrifft, so ist der Phantasie keine Grenze gesetzt. Anstelle der großen Tierfiguren könnten auch mehrere kleine Gänse, Häschen oder Entchen zwischen die niedlichen Blütensterne gesetzt werden, zu Ostern dann bunte Eier.

Auch Schalenart und -größe sind variabel. Der rustikale Kokosstrick kann gegen jede andere Kordel oder ein Band ausgetauscht werden. Vielleicht möchte man auch ganz darauf verzichten.

Osterschmuck für den Tisch

Bei dieser Schalengestaltung gibt es genug Spielraum für den eigenen Geschmack, abgestimmt auf das persönliche Wohnambiente.

Osterhasenklause

Ein rot lackierter Weidenkorb mit einem Durchmesser von 46 cm und einer Höhe von 10 cm ist die Grundlage für diese Osterhasenklause (s. Abbildung rechts). Sie ist als spezieller Tischschmuck für das Osterfrühstück gedacht. Gefärbte Hühnereier, Süßigkeiten-Eier und andere Osterleckereien können zu den Hasen und den zwei weißen Tausendschöntöpfen ins Heu gelegt werden. Aus diesem Grund ist genug Heufläche im Korb frei gelassen worden.

Die »Nostalgie-Hasen« sind natürlich durch andere Hasen zu ersetzen. Oft sind in den Familien vererbte oder jedes Jahr erneut dazugehörende »Traditions-Tiere« vorhanden. Sie können dann einen Platz im Weidenkorb einnehmen.

Die Klause ist für das Hasenpärchen ein eingehegtes Stückchen Besitz, in dem sie sich sicher und geborgen fühlen können. Die Bügel sind zu einem schützenden Dach gebogen und mit Ginsterzweigen leicht anzufertigen.

Nach der folgenden Beschreibung ist diese Osterhasenklause ohne großen Aufwand anzufertigen. Die Größenangaben beziehen sich auf das abgebildete Beispiel. Jeder andere bereits vorhandene Korb kann natürlich ebenfalls verwendet werden. Allerdings sind dann dementsprechend die Maße der übrigen Teile zu verändern. Wichtig ist dabei nur, dass die Klausenhöhe mit der Korbhöhe und dem Korbdurchmesser in einem ausgewogenen Verhältnis stehen.

Der Bau des Gehäuses

Zuerst wird aus Weidenreifen ein Klausengestell gebaut, bevor alle Bögen und der Ring mit Ginster bebunden werden. Dazu die folgende Materialliste und die Arbeitsanleitung:

Material
- 3 Weidenreifen, ⌀ 50 cm
- 50 bis 60 Ginsterzweige, 20 cm lang
- rot lackierter Weidenkorb, ⌀ 47 cm
- 4 Steckdrähte 1,0/280
- Wickeldraht

Anleitung
Ein Weidenreifen, wie man ihn im Blumengeschäft kaufen kann, liegt meistens in seiner Ringgröße doppelt übereinander und lässt sich dadurch weit auseinander biegen. Somit kann man verschiedene Reifgrößen oder Halbbögen abmessen.

Der Weidenreif muss so groß sein, dass er sich bequem in einen Halbbogen mit der Höhe von 45 cm spannen und in der richtigen Größe zurechtschneiden lässt. Zwei solche Bögen

Die Osterhasenklause, über einem Weidenkorb aus Ginsterzweigen gebunden und mit Osterhasen, Eiern und Blumen geschmückt, kann der Mittelpunkt des festlichen Ostertisches werden.

Osterschmuck für den Tisch

werden überkreuzt und an ihren Schnittpunkten zusammengebunden. Danach wird der dritte Weidenreif mit einem Durchmesser von 47 cm zum festen Ring verbunden und so mit beiden Rundbögen zusammengefügt, dass der Kranzreifen in vier gleiche Viertel geteilt wird und ein gleichmäßiges Gehäuse entsteht.

Jeder Viertelbogen muss von oben nach unten mit den Ginsterzweigen umhüllt und mit Wickeldraht befestigt werden, wie die Abbildung rechts zeigt. Zum Schluss wird der untere Weidenring ebenfalls rundherum bebunden. Nun findet das Gehäuse auf dem Weidenkorb seinen Platz. An jeweils vier Punkten wird der Kranz an dem Korbgeflecht unsichtbar mit einem Steckdraht befestigt.

Das Gestell für die Osterhasenklause wird aus Ginster gearbeitet. Die Pfeile zeigen die Binderichtung.

Schmuck des Klausengehäuses

Material
- 60 Stiele Buchsbaum, 10–20 cm lang
- 1 Rolle rotes Schleifenband, 2,5 cm breit
- 5 Steckdrähte 1,0/280
- Wickeldraht
- Heu, Stroh oder Osterwolle
- 2 Zierhasen, Hühner oder anderes österliches Getier
- 6 rote Lackeier oder andere Ostereier
- 2 bis 3 Töpfe mit Tausendschön, Primeln oder Jonquillen-Narzissen

Anleitung
Ein 15 cm langer Buschen aus etwa 15 Buchsbaumspitzen gebunden, krönt die Klause. Der Buschen wird mit Wickeldraht zusammengehalten und ebenfalls mit dem Draht auf der Klausenspitze befestigt. Kleinere Buchsbaumbuschen von etwa 6 cm Größe markieren zusammen mit einer Schleife jeweils die Treffpunkte zwischen Reifenkranz und Bögen. Die Buschen und die Schleifen sind mit Steckdraht an dem Korb befestigt. Eine große Schleife ist oben auf dem Klausengehäuse angebracht. Die Bänderenden hängen herabfließend zusammen mit den Lackeiern im Klauseninneren. Der Korb ist innen bis zum Korbrand mit Heu gefüllt. Die Hasen, Eier und Pflanzen sind Schmuckelemente. Um den Korb nicht zu beschmutzen, wurden die Töpfe in Folie gehüllt. Diese dient auch zum Auffangen des Gießwassers.

Kleine mythologische Betrachtung der Osterblumen

»Osterblumen« ist eine Sammelbezeichnung für verschiedene Pflanzen, die alle um die Osterzeit herum blühen. So werden nicht selten die Kuhschelle, auch Küchenschelle genannt, die Osterglocke, die Schlüsselblume und noch einige Pflanzen mehr im Volksmund als Osterblumen bezeichnet, weil sie in der Osterzeit blühen.

Für unsere Vorfahren waren diese ersten Frühlingsblüher ein zuverlässiger Hinweis auf das Winterende. Denn nichts wünschte man sich sehnlicher, als den Sieg der Sonne über den Winter. So ist es auch nicht verwunderlich, dass sich im Volksglauben und in den Sagen die ersten Frühlingsblumen fest verankert haben. Sie spielen auch eine Rolle bei den Frühlingsfesten und den damit verbundenen Bräuchen rund um die Osterzeit.

Beginnen wir mit dem kleinen bescheidenen Veilchen als einem der ersten Frühlingsboten.

Veilchen, Viola odorata

Die Entstehung des Veilchens wird in der griechischen Mythologie folgendermaßen erklärt: Die Göttermutter Hera wurde von ihrem Gemahl Zeus mit der schönen Io betrogen. Darüber war Hera so verärgert, dass sie einfach das Mädchen Io in eine Kuh verwandelte. Nun traute sich Zeus nicht, das Geschehen rückgängig zu machen. Stattdessen schuf er das Veilchen. Die Pflanze breitete sich rasch zu einem ganzen Blütenteppich aus. Io ernährte sich von den wohlschmeckenden Veilchen, die ihr das von Hera auferlegte Schicksal erträglich machten.

In einer anderen griechischen Sage wird berichtet, dass die Göttin Proserpina, die Tochter des Zeus, sich einen riesigen Arm voll Narzissen und Veilchen pflückte, die ihr Vater in einem Tal hatte wachsen lassen. Nach einem gewaltigen Erdbeben erschien Pluto, der Gott der Unterwelt und raubte das Mädchen. Dabei ließ sie die Veilchen fallen. Die Veilchen welkten aber nicht, sondern sie schlugen Wurzeln und blühten und verbreiteten sich weiter. So werden diese Veilchen als Stammeltern aller Veilchen angesehen, die uns im Frühjahr mit ihrem Duft und blauem Blütenflor erfreuen.

Es gibt auch eine Legende: Als Gott bei der Weltschöpfung sprach: »Es werde ein Firmament in der Mitte der Gewässer und scheide sie nach oben und unten«, verfärbte sich das Firmament in das schönste Himmelblau und einige Tropfen rieselten zur Erde herunter. Dabei entstand aus jedem dieser Tropfen ein blaues Veilchen.

Die Römer bekränzten ihre Stirn mit Veilchenblüten, um so gegen die un-

Osterblumen

angenehmen Wirkungen des Alkohols gefeit zu sein.

In Deutschland fanden schon im Mittelalter dem Veilchen zu Ehren Frühlingsfeste statt (siehe Seite 14). Wer das erste blühende Veilchen im Frühling entdeckte, verkündete die Botschaft in seinem Dorf. Die Leute ließen ihre Arbeit liegen und zogen mit Musik zum Fundort. Man umkreiste das Veilchen und tanzte so den Frühling ein. Berühmt waren die aus diesem Brauch hervorgegangenen Veilchenfeste am Wiener Hof zur Zeit Leopolds VI. (1198–1230).

Schlüsselblume, Primula veris

Pflanzenmärchen erzählen, wie die Schlüsselblume zu ihrem Namen gekommen sein soll: Petrus stand an einem strahlenden Frühlingstag vor der Himmelspforte und wollte sie aufschließen. Dabei entglitt ihm der goldene Himmelsschlüssel und fiel auf die Erde herab, wo er sich in den Erdboden bohrte. Bald darauf kam ein Wandersmann des Weges, sah den goldenen Schlüssel und wollte ihn aufheben. Doch da kein Mensch etwas Himmlisches berühren darf, verwandelte sich der Schlüssel in die goldgelbe Blume, die uns als Schlüsselblume und im Süddeutschen als Himmelsschlüsselchen bekannt ist.

Nach einer anderen Sage soll einst ein Kuhhirt das kleine Frühjahrsblümchen an seinen Hut gesteckt haben. Dort verwandelte es sich zu einem goldenen Schlüssel, mit dem er eine geheime Tür zu riesigen Schätzen aufschließen konnte. Seither hat die Blume ihren Namen.

Einer weiteren Sage zufolge soll beim Fest der Ostera den Priestern der Saft von Himmelsschlüsselchen und Kräutern zum Trinken verabreicht worden sein, damit sie die Kraft zur Weissagung in sich spürten.

Auch im Volksglauben schenkte man den Himmelsschlüsselchen Beachtung. Nicht immer blühte schon zur Osterzeit das »Märzblümli« wie es in der Schweiz genannt wird. Fand aber ein junges Mädchen bereits in der Karwoche eine Schlüsselblume, dann deutete alles auf eine bevorstehende Hochzeit hin. Die Braut würde demnach so viele Kinder bekommen, wie Blüten am Stängel sitzen.

Kuhschelle, Pulsatilla vulgaris

Im Volksmund heißt diese Pflanze auch »Küchenschelle«, doch scheint dieser Name zweifellos aus der Verniedlichungsform »Kühchenschelle« entstanden zu sein. Die Blütenform der Kuhschelle erinnert in ihrem Aussehen an die Kuhglocken, die die Tiere in den Alpenländern tragen. Mit ihren blauen Blütenglocken ziert sie die sonnigen Kalksteinhänge der Alpen. Als »richtige« Osterblume werden mit ihr die Ostereier gefärbt. Wenn der Osterhase sehr viel von den

Farblich fein abgestimmt ist dieser Osterschmuck mit einem alten Fenster als Grundgestell. Der Blumenschmuck darunter ließe sich auch mit anderen typischen Osterblumen je nach gewünschtem Symbolgehalt gestalten.

Osterblumen

Blumen frisst, so munkeln die Kinder, dann legt er auch viele Ostereier.

Da die Kuhschelle zur Osterzeit blüht, bekam sie in manchen Gegenden verschiedene Volksnamen, die alle auf die Blütezeit hinweisen. So heißt sie »Osterblom« im Brandenburgischen, »Osterglocka« auf der Schwäbischen Alb und »Märzeglogge« oder »Märzeblueme« in der Schweiz.

Gänseblümchen, Bellis perennis

Wer mag sie nicht, die kleinen unscheinbaren Korbblütler, die fast das ganze Jahr über im Rasen und auf der Wiese blühen. Mit den Blüten beginnen die Kinder ihre ersten Blumenkränze zu binden. Maßliebchen und Tausendschön sind ebenfalls übliche Bezeichnungen für die weiß bis rosa blühenden Pflänzchen.

Der Name Gänseblümchen mag sich im Volksmund deshalb eingebürgert haben, weil die Dorfbewohner schon beizeiten im Frühjahr ihre Gänse auf den Anger getrieben haben. Dort verzehrten die Tiere das erste frische Grün und so auch die jungen Blätter der Bellis.

Das Maßliebchen wird von jungen verliebten Pärchen als »Zupforakel« benutzt. Man kann es beim Herauszupfen der einzelnen Blütenblätter befragen: »Er (sie) liebt mich – von Herzen – mit Schmerzen – ein wenig – gar nicht ...« bis schließlich ein Blütenblatt übrig bleibt und die Antwort feststeht.

Auch Freya, die germanische Göttin der Liebe, zählte das bescheidene Blümchen zu ihren Lieblingsblumen.

In der römischen Mythologie verwandelte sich die Waldnymphe Belides in ein Gänseblümchen. Es ist dazu gekommen, weil Vertumnus, der Gott der Obstgärten, sich in die hübsche Nymphe verliebt hatte. Sie aber erwiderte die Liebe nicht und verwandelte sich in ein Gänseblümchen, um so vor ihrem Verehrer sicher zu sein.

Osterglocke, Narcissus pseudonarcissus

Seit neuerer Zeit zählt die gelbe Trompetennarzisse oder Osterglocke zu den Wahrzeichen für das Osterfest. Eine griechische Sage erzählt, wie die Blume entstanden sein soll.

Narziss, der Sohn des Flusses Cefis und der Nymphe Liriope, war so schön und so eitel, dass er nur sich selbst liebte. Die Liebeswerbungen aller Nymphen wies er zurück. Das ärgerte den Liebesgott Cupido, und er beeinflusste Narziss, dass dieser sich beim Wassertrinken aus einem Fluss in sein eigenes Spiegelbild verliebte. Diese Liebestäuschung brachte Narziss bis zum Wahn, weil er keine Gegenliebe erfuhr. Er verzehrte sich vor Sehnsucht und starb. An der Stelle wuchs eine blasse, melancholisch dreinschauende Blume von zartem Duft, die sich zum Wasser herunterneigte. Es war die Narzisse.

Salweide, Palmweide, Salix caprea

An diesem Baum oder Strauch brechen im März an den noch blattlosen Zweigen die silbrig-pelzigen »Palmkätzchen« auf. Sie bieten für die

Bienen im Frühjahr eine erste Nahrungsquelle, wenn die männlichen Kätzchen mit ihren goldgelb herausgewachsenen Staubfäden locken und durch die Lüfte stäuben.

Jahrelang sind die Menschen durch allerlei Eingriffe in die Landschaftsgestaltung den Bienen zuvorgekommen, so dass einige Arten der Palmweide inzwischen zu den geschützten Pflanzen zählen. Sie sollten auch aus privaten Gartenbeständen nur sparsam geschnitten werden, denn die Biene macht bei ihrer Futtersuche keinen Unterschied zwischen freier und umzäunter Natur.

Birke, Betula pendula

Die Birke wird unter den Bäumen als Sinnbild des Frühlings angesehen. Wenn sich im Frühjahr die ersten zarten, maigrünen Blättchen zeigen, dann ist es ein sicheres Zeichen dafür, dass die Winterzeit vorüber ist.

Früher wurden die Zweige der Birken als »Lebensrute« benutzt. Unsere Altvorderen schlugen mit Birkenruten Vieh und auch Menschen, um sie vor Ungemach wie Krankheiten oder Ungeziefer zu bewahren. Doch der tiefere Hintergedanke wurzelte in dem Glauben an die Übertragung der lebenskraftspendenden Kräfte, die man in dem Saft der Birken vermutete. So wurde der Baum besonders mit den Fruchtbarkeitsritualen in Verbindung gebracht.

Bei dem Viehaustrieb am 1. Mai erhoffte man sich, dass die Kraft frischer Birkenzweige die Macht der bösen Hexen brechen sollte. In der Walpurgisnacht wurden Birkenreiser als Besen zusammengebunden und überall dort aufgehängt, wo es galt, die Umtriebe der Hexen abzuwehren.

Ein sehr schöner Brauch rund um die Birke hat sich bis in die heutige Zeit erhalten. Die Dorfjugend pflegt vielerorts noch die Sitte, einen »Maien« mitten im Dorf aufzustellen und mit bunten Bändern zu schmücken. Dabei handelt es sich in der Regel um eine Birke, von der man sich für die Saat und kommende Ernte Glück und Segen erhofft. Gleichzeitig soll sie auch vor bösen Geistern schützen.

Doch nicht zu vergessen, dass sich unter der frisch geschlagenen Birke die junge Landbevölkerung, heute wie früher, versammelt, tanzt, feiert und anbändelt. Findet dann ein junges, heiratsfähiges Mädchen am nächsten Morgen an seiner Tür oder am Fenster ein geschmücktes Birkenbäumchen vor, kann es der Zuneigung eines der jungen Burschen des Dorfes sicher sein.

So ist und bleibt die Birke eng mit dem Frühling und seinem Brauchtum verbunden. Der Faszination der Birke erliegen wir besonders in der Osterzeit. Zweige in aufknospendem Grün schmücken dann, bunt mit bemalten Eiern behängt, die Vasen der Haushalte. Aber auch als Reisig ist die Birke vielseitig verwendbar und inspiriert zu vielerlei floristischen Arbeiten.

Das Osterfest klingt aus

*Von allen Bergen zu Tale
Ist ein Leuchten erwacht,
Flammende Frühlingsfanale
Durch die Osternacht!*

*Von allen Türmen zusammen
läutet es landhinein –
Herz, mit Glocken und Flammen
Bricht der Frühling ein!*

Lulu v. Strauß und Torney

Osterfeuer

Osterfeuer haben sich als Brauch erhalten. Vom christlichen Osterfeuer wurde auf Seite 66 schon berichtet, doch weitaus bekannter sind heute die Osterfeuer, die am Abend eines Ostertages entzündet werden. Mit dem Osterfeuer feiern die Menschen symbolisch den Sieg des Frühlings über den Winter und das Erwachen des Lebens nach der langen, trostlosen, kalten Jahreszeit.

Schon Tage vorher waren früher die Burschen des Dorfes eifrig damit beschäftigt, alles was brennt auf einem bestimmten Platz zusammenzutragen, der zumeist auf einer Anhöhe am Dorfrand lag. Oft haftet der Name der Osterfeuerstätte noch heute an verschiedenen Flurbezeichnungen, wie beispielsweise Osterberg und Ostertidde.

Osterfeuer waren im ganzen Land bekannt, von Nordwestdeutschland bis nach Holland, von Norddeutschland bis nach Dänemark, in Mitteldeutschland und in den Alpenländern.

Erstaunlicherweise hat sich der Brauch an einem der Osterabende ein Feuer zu entzünden, vielerorts bis heute erhalten, um so bemerkenswerter, als viele andere Bräuche längst in Vergessenheit geraten sind.

Bekannt sind beispielsweise die Feuerräder von Lüdge bei Pyrmont. Aber auch in vielen Orten der Schweiz hat sich dieser Brauch erhalten. In den feurigen Rädern, die nachts von einem Hügel herab ins Tal rollen, ist die Sonne als das wiederkehrende Licht zu sehen. Ebenso ist die Sonne Ausgangsgedanke aller anderen Feuer, die in der Osternacht auflodern. Sie stehen eng im Zusammenhang mit dem Sonnenkult unserer germanischen Vorfahren. Dass damals das Sonnenfest gefeiert wurde, belegen auch die Sonnenräder, wie sie heute noch als Gebäckform, in den sogenannten Gebildbroten zu finden sind. Oftmals werden sie auch als symbolisches Schmuckgebäck für die Osterpalmen (Abbildungen Seite 13 und 35) verwendet.

Jung und Alt ziehen zum Osterfeuerplatz, um in der einbrechenden Dunkelheit das Feuer aufleuchten zu sehen. Die Asche streute man früher

Osterfeuer

Vom Frühlingsspaziergang mitgebracht: Waldstrandgut. Huflattich und Buschwindröschen, Lungenkraut, Veilchen, Moos und ein dekoratives Stück Holz. Beschreibung Seite 116.

auf die Äcker, denn sie sollte die Fruchtbarkeit des Bodens erhöhen und vor Mäusefraß schützen. Selbst ins Trinkwasser des Viehs wurde Asche gestreut, um es vor Seuchen zu bewahren.

Man glaubte auch, dass die Felder, die vom Scheine des Osterfeuers beleuchtet wurden, besonders hohe Ernteerträge bringen würden. Die durch das Feuer angestrahlten Häuser sollten im folgenden Jahr vor Feuersbrunst verschont bleiben.

Die Dorfbevölkerung hatte derweil ihr Vergnügen am Feuer. Die Burschen nahmen sich brennende Knüppel aus den Flammen, benutzten sie wie Fackeln und zogen damit in der Dunkelheit umher. Gesang, Spiel und Musik begleiteten vielfach das Abbrennen des Feuers. War es niedergebrannt, sprangen die Leute paarweise darüber, ja selbst Vieh wurde hinüber getrieben, damit es gesund übers Jahr kommen sollte.

In Zeitungen und in Nachrichtenblättern der Heimatvereine werden heute Feuerplätze und Tage rechtzeitig bekanntgegeben. Eine Verabredung mit Freunden und Bekannten erhöht den Spaß am Osterfeuer. Orakelsprüche und gute Wünsche lassen sich vorher ausdenken und im Feuerschein zum Besten geben, wobei der Sprung über die Glut natürlich auch in unserer, von wenig Aberglauben geprägten Zeit nicht fehlen sollte. Und wenn wir das ganze Jahr über gesund und munter bleiben, dann hat vielleicht der Glaube an die Kraft des Osterfeuers das Seine dazu beigetragen.

Das Osterfest klingt aus

Der Osterspaziergang

Die Sitte, an Ostertagen einen Spaziergang zu machen, ist höchstwahrscheinlich religiösen Ursprungs. Im Evangelium (Lukas 24,13-35) wird berichtet, dass einigen Jüngern auf dem Gang nach Emmaus, einem Ort in der Nähe Jerusalems, der Auferstandene begegnet ist.

Aus diesem Geschehen ist der schöne Brauch entstanden, einen Spaziergang durch die auferstandene Natur nach der langen Winterruhe zu unternehmen. Der Weg kann bei angenehmen Temperaturen und milden Frühlingsdüften durch Parkanlagen, Wiesen und Wälder führen. Ein Osterspaziergang gehört einfach zum Osterfest.

Dabei ist zu beobachten, wie aktiv sich die Tierwelt, vor allem die Vogelwelt, zeigt. Nester werden gebaut oder es wird erst einmal Ausschau nach einer Braut gehalten. Alles zirpt und zwitschert in den Frühling hinein. Längst zeigen sich Blumen und Sträucher in voller Entwicklung. Die warmen Sonnenstrahlen und ein lauer Regen haben ihren Teil dazu beigetragen.

Auf den Wiesen blühen bereits Tausendschön und am Waldrand unter

Ein mit Moospolstern, Waldflattergras, Veilchen und Buschwindröschen bepflanztes Rindenstück. Beschreibung Seite 116.

Büschen haben die Märzveilchen ihr Blau zum Leuchten gebracht. Huflattich ist längst in voller Blüte, und die ersten Blätter des Aronstabs haben sich durch die Erdoberfläche geschoben und stehen kurz vor ihrer ganzen Blattflächenentfaltung. Das Bingelkraut *(Mercurialis perennis)* ist schon mit Blütenansatz versehen und die Buschwindröschen *(Anemone nemorosa)* öffnen ihre Blüten bei den ersten Sonnenstrahlen. Die Kätzchen von Weißbirke, Haselnuss, Weiden, Zitterpappel und Hainbuche haben sich entfaltet und stäuben ihren Blütenstaub durch die Lüfte. Das Waldgeißblatt zeigt neben vielen anderen Laubgehölzen den ersten Blattansatz, wobei der Schlehenstrauch und der Hartriegel schon beizeiten in ein Blütenkleid geschlüpft sind.

So wie die Natur sich erneuert, war es ehemals Sitte, zu Ostern, in manchen Gegenden auch schon am Palmsonntag, neue Kleider anzuziehen. Der Volksglaube meint, dass man der im frischen Glanz erscheinenden Natur nicht mit alten Kleidern begegnen dürfe.

Waldinseln für das Wohnzimmer

Zu einem Spaziergang am Osterfest, wenn das Wetter strahlend dazu einlädt, sagt selbst der ärgste Stubenmuffel kaum nein. Oft ist es gerade dann der Wald, der magische Anziehungskraft auf naturhungrige Städter ausübt. Fahrräder werden aus dem Keller geholt oder das Auto aus der Garage. Jeder hat »seinen« Wald, dem er entgegenstrebt. Überfüllte Parkplätze geben Zeugnis davon ab, wie ungebrochen die Liebe der Menschen zur Natur ist. Und was gibt es nicht alles zu beobachten und zu sehen. Vor allem der Waldboden birgt Schätze, die Augen, Herz und Seele gleichermaßen erfreuen. Voller Schönheit und Zauber sind die Blumen, bescheidene, unaufdringliche Kostbarkeiten, die sich uns erst im Verweilen offenbaren.

Wir finden ein leeres Schneckengehäuse. Während wir seine Kompliziertheit noch staunend bewundern, fällt der Blick auf einen besonders dichten, weißen Teppich Buschwindröschen. Die Idee, sich Waldidylle ins eigene Zuhause zu holen wollen, wird geboren. Vorsichtig werden einige Pflänzchen mit Wurzeln und reichlich Erde ausgehoben. Gleich daneben leuchten die gelben Blütensterne des Scharbockskrautes. Auch sie wandern in den zum Glück vorhandenen großräumigen Rucksack. Dieser füllt sich rasch weiter mit wilden Veilchen und Sauerklee, dessen feingeäderte Blütchen sehr reizvoll sind. Das Gemeine Lungenkraut wandert dazu. Die Blüten des Lungenkrautes erblühen rot, verfärben sich aber bald darauf blauviolett. Es ist hübsch anzusehen, wenn sich rote und blaue Blüten nebeneinander an einem Blütenstand neigen.

Eifrig halten wir Ausschau nach Huflattich. Er darf bei dem, was wir vorhaben, nicht fehlen. Rindenstücke der Birke, kleine Astknorren, Moospölsterchen in leuchtendem

Das Osterfest klingt aus

Grün, dazu einige Büschel Waldflattergras, Baumrinde in Form einer länglichen Schüssel und ein langes, bizarres, rindenloses Baumteilstück vervollständigen unser Sortiment.

Zu Hause werden die Schätze dann gesichtet. Sie sind eine Herausforderung an die Phantasie. Das Gestalten kann beginnen. Da wir reichlich Material haben, nehmen wir gleich mehrere »Waldinseln« in Angriff. Lieben Freunden sollen sie als Mitbringsel Freude bereitet.

Schale 1 (Abbildung oben)

Eine flache Schale aus Terrakotta oder Ton, Durchmesser 30 cm, 4 cm hoch wird mit Buschwindröschen, Lungenkraut, Veilchen, Huflattich und das Flattergras mit Wurzeln und reichlich Erde dicht aneinander bepflanzt. Moos füllt die Lücken aus. Ein faustgroßer Naturstein bekommt seinen Platz. Etwas Birkenrinde und ein Schneckengehäuse sollen nicht fehlen. Ein rustikaler Astknorren am Schaleninnenrand vervollständigt den naturhaften Charme des Arrangements.

Schale 2 (Abbildung unten)

Das gleiche Gefäß wie Schale 1. Auch hier werden die Pflanzen so angeordnet, dass es wie natürlich gewachsen aussieht. Diesmal ist die Zusammenstellung eine andere. Neben dem Sauerklee finden Waldflattergras, Buschwindröschen und Veilchen ihre neue Heimat in der Schale. Wieder werden die Lücken mit Moos gefüllt. Einiges davon wird spielerisch über den Rand drapiert, was den Eindruck des Zufälli-

Das Osterfest klingt aus

gen entstehen lässt. Auch hier fehlt das Schneckengehäuse nicht. In der Mitte befindet sich in dominanter Position ein knorriges Wurzelstück. Das schlanke Astgebilde, welches wie eine kleine Umrandung angeordnet wurde, lässt diese Gestaltung liebevoll gelungen ausschauen.

Schale 3 (Abbildung Seite 115)

Vielleicht kann man in dieser Gestaltung noch Schale 1 erkennen. Etwas Zeit ist inzwischen vergangen. Das Lungenkraut und die Buschwindröschen sind verblüht. Dafür kam ein neues, reich blühendes Veilchen hinzu. Im Vordergrund wurde der rustikale Astknorren entfernt. Sehr hübsch hebt sich nun das Schneckengehäuse hervor.

Waldstrandgut

Dieses, von Stürmen schwer mitgenommene Stück Baum wirkt in seiner bizarren Form alraunenhaft und geheimnisvoll. Jeder phantasiebegabte Mensch muss sich davon angesprochen fühlen. Wenn wir mit offenen Augen durch die Natur gehen, können wir überall auf Formen treffen, die uns ansprechen und inspirieren.

Hier war eine flache, rechteckige Tonschale nötig, wie sie im Gartencenter als Untersetzer für Balkonkästen angeboten werden. Die Gestaltung ergibt sich fast von selbst (Abb. Seite 111). Das Holzgebilde füllt in seiner imponierenden Form und Größe die Schale nicht nur aus, es steht auch über deren Rand hinaus. Also wird es etwas in die Diagonale gelegt. So finden Lungenkraut, Buschwindröschen und Veilchen – eingebettet in Moos – ihren Platz. Ein Kieselstein liegt neben dem Schneckengehäuse, das wieder das liebevolle Tüpfelchen auf dem I ist. Im Hintergrund leuchten in fröhlichem Gelb die Blüten des Huflattichs.

Bepflanztes Rindenstück

Hier werden die Pflanzen wie folgt in eine Reihe gesetzt: Moos, Waldflattergras, Veilchen, Buschwindröschen, etwas zurückversetzt wieder Waldflattergras, davor ein sattgrünes Moospölsterchen, anschließend Waldflattergras und als Abschluss Moos, eine besonders ansprechende Gestaltung, denn sie ist Natur pur (Abbildung Seite 112).

Zur Pflege aller »Waldinseln« wäre noch anzumerken, dass sie täglich mit Wasser besprüht werden müssen. Diese Behandlung gewährt ihnen eine lange Lebensdauer. Sind die Pflanzen endgültig verblüht, sollte man sie an ihren alten Standort zurückversetzen oder – wer hat – im Garten eine kleine »Waldecke« anlegen.

Werkzeuge, Hilfsmittel und Tipps vom Floristen

Werkzeuge und Hilfsmittel

Als Grundausrüstung für den immerwährenden Gebrauch lohnt es sich, Werkzeug von guter Qualität zu kaufen. Daneben sind Hilfsmittel, wie sie teilweise von Fachleuten der grünen Branche verwendet werden, zur Arbeitserleichterung wichtig. Fast alle Hilfsmittel sind in Blumenfachgeschäften, Gartencentern, Dekofachgeschäften oder Heimwerkermärkten zu erwerben.

Gartenschere zum Schneiden von Zweigen, Stielen usw., für den Dauergebrauch. Für Gelegenheitsbasteleien genügt eine Allzweckschere.

Seitenschneider zum Durchtrennen von stärkeren Drähten, Kneif und Kombizange erfüllen diese Aufgabe auch.

Rund- oder Flachzange zum Verdrehen von Drähten nach Abschluss der Bindearbeit.

Messer zum Ab- und Anschneiden von Pflanzen, wichtig ist eine scharfe Klinge.

Heißklebepistole zum Sofortkleben von Trockenmaterialien. Ein unentbehrliches Gerät sowohl für Profihandwerker als auch für Heimwerker. Der Heißklebestoff klebt sekundenschnell. Vorsicht ist geboten, denn bei Kontakt des Heißklebers mit der Haut entstehen Brandblasen.
Alleskleber aus der Tube ist für kleinere Klebestellen ideal.

Wickeldraht zum Binden von Kränzen aus Birkenreiser oder Buchsbaum sowie vielen anderen Werkstücken, die im Buch beschrieben sind. Den Draht gibt es in verschiedenen Stärken, wobei die Stärke von 0,6 mm zu empfehlen ist. Der Draht ist auf einen Holzstab gewickelt. Es gibt ihn auch farbig lackiert zu einem, gegenüber der üblichen blaugeglühten Ausführung, höheren Preis.

Myrtendraht zum Binden eines kleinen Buchsbaumkranzes, zum Festdrahten von zartstieligen Blüten und anderen Gestaltungsmitteln sowie zum Binden von Bandschleifen. Der nur 0,31 mm dünne Draht ist auf 100 Gramm-Spulen aufgewickelt, meist grün oder braun lackiert. Farbige oder metallfarbene Ausführungen sind heute wegen ihres Zierwertes üblich.

Steck- und Stützdraht: Stützdraht ist grün lackiert und nichtrostend. Steckdraht rostet bei Feuchtigkeit. Beide Drahtarten sind zum Andrahten von Gestaltungsmitteln zu verwenden. Das Sortiment ist sehr umfangreich.

Werkzeuge, Hilfsmittel, Tipps

Für den Anfang genügen drei unterschiedliche Stärken, beispielsweise 0,6/200, 1,0/280 und 1,2/350. Dabei gibt die erste Zahl die Drahtstärke, die zweite Zahl die Länge des Drahtes in Millimetern an.

Spanndraht, grünummantelt mit verzinktem Kern, ⌀ 2 mm, empfehlenswert für die Anfertigung von Eierkränzen.

Welldrahtringe für gebundene Kränze aus verschiedenen floralen Gestaltungsmitteln. Es gibt sie in Durchmessern von 20–40 cm.

Strohreifen als Grundform für Kränze. Es gibt sie in Größen von 20–100 cm.

Maschendraht als Einstellhilfe von Blumen, Blättern und Zweigen in großen Gefäßen.

Ringe aus wasserhaltender Steckmasse sind industriell gefertigt und gut geeignet für gesteckte frische Blumenkränze.

Bast, Jutefaden zum Binden und Schmücken.

Guttacoll (Kautschukband) zum Abwickeln von Drähten, wenn Steckdraht zum Stützen verwendet wird. Das Band gibt es in Grüntönen, in Braun und in Weiß. Es kann passend zu der Blumenstiel- oder der Zweigfarbe ausgewählt werden. Guttacollband ist in der Breite von 13 mm am gebräuchlichsten.

Wichtige Techniken

Schleifen binden

Unabhängig von der Länge und Breite der Schleifenbänder ist die Technik des Schleifenbindens immer gleich. Meist ist das Schleifenband auf eine Rolle mit 10 oder 25 m gewickelt und wird zum Binden fortlaufend abge-

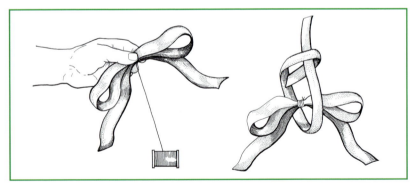

Links: Die Bandschlaufen werden in der Mitte zusammengedrückt und mit Zwirn oder Myrtendraht festgewickelt.
Rechts: Über die Schleifenmitte wird ein Bandstück geknotet.

Werkzeuge, Hilfsmittel, Tipps

rollt. Erst zum Schluss, wenn die Schleifengröße bestimmt und fertig ist, wird das Band schräg abgeschnitten.

Den Bandanfang lässt man in der gewünschten Länge herunterhängen und legt nun das Band in Form einer Acht zwischen Daumen, Zeige- und Mittelfinger. Dieser Vorgang kann beliebig wiederholt werden und bestimmt die Üppigkeit der Schleife. Die Schlaufen müssen gleich groß und symmetrisch angelegt werden. Die Mitte wird dann zusammengedrückt und mit Zwirn oder Myrtendraht fest umwickelt. Nun wird über die Wicklung ein zweites Bandstück locker darüber geknotet. Mit den beiden Bandenden kann die Schleife an Palmbuschen, Osterkränzen oder an jedem anderen Osterschmuck festgebunden werden. Daher sollten sie entsprechend lang sein.

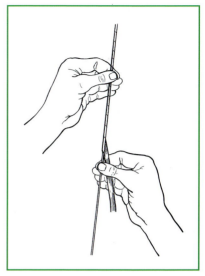

Abwickeln eines Steckdrahtes mit Guttacoll.

Abwickeln eines Steckdrahtes

Ein Teil des Abwickelbandes (Guttacoll) wird abgerollt und auf die Arbeitsplatte gelegt. Zum Abwickeln des Drahtes hält man ihn in der linken Hand mit dem Daumen und Zeigefinger fest, wickelt zweimal das Guttacollband um den Drahtanfang und dreht den Draht zwischen den beiden Fingern, während die rechte Hand das Guttacollband in schrägen, eng anliegenden Windungen bis zum Drahtende führt (Abbildung oben). Ist der Draht umwickelt, reißt man das Guttacollband von der Rolle ab und drückt das Ende für ein paar Sekunden fest auf das bewickelte Drahtende. Durch die Fingerwärme verkleben die Materialien miteinander. Wer kalte Fingerspitzen hat, muss die Stelle ganz kurz über eine Flamme (Kerze oder Feuerzeug) führen und danach festdrücken. Hält man den Punkt zu lange über die Flamme, löst sich das Band knisternd auf.

Eier und Holzperlen auffädeln

Mit Hilfe einer langen Nadel oder eines Drahtes mit zurechtgebogener Öse lassen sich Eier und Perlen auffädeln. Oft genügt es aber auch, den Auffädelfaden am Anfang mit etwas Alleskleber zu bestreichen. Diesen Abschnitt, kurz bevor er völlig trocken ist, zwischen Daumen und Zeigefinger hin und her rollen, bis sich eine Spitze

Werkzeuge, Hilfsmittel, Tipps

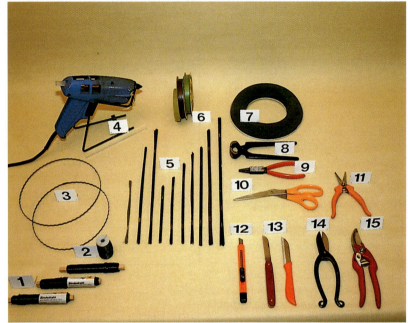

Werkzeug und Hilfsmittel:
1 Wickeldraht
2 Bindfaden
3 Drahtreifen
4 Heißklebepistole
5 Blumendrähte in verschiedenen Stärken
6 Guttacoll-Band
7 Kranzring aus Steckmasse
8 Kneifzange
9 Rundzange
10 Schere für Pappe
11 Drahtschere
12 Bastelmesser
13 geeignete Messer
14 Ikebanaschere
15 Rosenschere

geformt hat. Mit diesem präparierten Faden können nun mühelos Perlen oder Eier aufgefädelt werden.

Andrahten von Gestaltungsmitteln

Wenn beide Drahtenden beim Andrahten gleich lang geblieben sind, spricht der Fachmann bei dieser Drahttechnik von »angabeln« oder »an Gabel« drahten (Abbildung rechte Seite, links). Diese Methode hat den Vorteil, dass sich die Drahtenden beim Hineinschieben in eine Basis automatisch spreizen und dadurch Halt geben.

Zum Andrahten von Seidenveilchen (Abbildung rechte Seite, rechts) gehört viel Fingerspitzengefühl und die richtige Wahl der Drahtstärke. Die Stiele sind so zart und fein, dass man die Drahtwindungen sehr eng anlegen muss, damit die Veilchenstiele nicht wieder aus der Umwicklung herausrut-

Werkzeuge, Hilfsmittel, Tipps

Andrahten von Blättern und Blüten: links als Gabel, rechts einfach.

Mit einem Steckdraht verstärkt man die dünnen Stiele der Seidenveilchen und erleichtert damit das Andrahten.

schen. Man nimmt mehrere Veilchenstiele zusammen in die Hand und biegt die Drahtstiele zur Hälfte um. Das ist problemlos möglich, weil die Veilchen meistens ausreichend lange Drahtstiele besitzen. Dadurch verdoppelt sich deren Menge und reicht aus, um einen Draht in der Stärke von 0,7/200 oder 0,9/200 darum wickeln zu können. Dabei kann der Drahtanfang zu einer kleinen Schlaufe nach oben umgebogen werden. Diese legt man auf das Stielbündel, hält sie mit Daumen und Zeigefinger fest und dreht dann in engen Windungen den Draht in Richtung Stielende zu.

Verzeichnisse

Literaturverzeichnis

Bartos-Höppner, B.: Das Osterbuch für die ganze Familie. Verlag Carl Überreuter, Wien 1987

Becker, A.: Osterei und Osterhase. Eugen Diederichs Verlag, Jena 1937

Bernhard, M.: Altes Brauchtum. Wilhelm Heyne Verlag, München 1985

Craß, E.: Deutsches Brauchtum im Jahreslauf. Heyne-Buch 4330. Wilhelm Heyne Verlag, München 1971

Meier-Hirschi, U.: Das große Frühlingsfest. Orell Füssli Verlag, Zürich und Schwäbisch Hall 1986

Michels, T.: Frühlingszeit Osterzeit. Deutscher Taschenbuch Verlag, München 1983

Perger, A. von: Deutsche Pflanzensagen. Verlag A. Schaber, Stuttgart und Oehringen 1864

Rehm, H. S.: Deutsche Volksfeste und Volkssitten. Verlag B. G. Teubner, Leipzig 1908

Vossen, R.: Ostereier – Osterbräuche. Christians Verlag, Hamburg 1987

Woll, J.; Merzenich, M. und Götz, T.: Feste und Bräuche im Jahreslauf. 2. Aufl. Verlag Eugen Ulmer, Stuttgart 1995

Woll, J.; Merzenich, M. und Götz, T.: Alte Kinderspiele. 3. Aufl. Verlag Eugen Ulmer, Stuttgart 1998

Wundermann, I.: Der Hobby-Florist. 2. Aufl. Verlag Eugen Ulmer, Stuttgart 1993

Bildquellen

Fotos

Gabriele Appel, Braunschweig: Titelbild Rückseite o.l., Seite 7, 18, 20, 21, 25, 32, 91, 93, 95, 99, 112

Roland Bauer, Braunsbach-Winterberg: Titelbild klein o.l.

Erich Kuch, Hohebach: Titelbild groß, Titelbild klein o.m., o.r., Rückseite o.r., Seite 1, 4, 5, 9, 11, 12, 35, 36, 37, 44, 54 unten, 66, 69, 70, 75, 78, 80, 122

Kurt Lorz, Nürnberg: Seite 2

Dora Opferkuch, Salem-Beuren: Seite 64

Frauke Rosenstock: Seite 6, 13, 19, 22, 24, 28, 38, 43, 45, 46, 49, 52, 54 oben, 55, 56, 61, 63, 73, 77, 82, 84, 85, 87, 89 oben, 89 unten, 92, 96, 101, 103, 106, 111, 114, 115, 120

Zeichnungen

Malgorzata Gusta, Stuttgart: Seite 30 unten, 118, 119

Siegfried Lokau, Bochum-Wattenscheid: Seite 30 oben, 34, 104, 121 links

Bernhard Salzer, Waiblingen: Seite 13, 14, 39, 40, 42, 57, 62, 71, 121 rechts

Sachregister

Sternchen verweisen auf Abbildungen

Ablasseier 53
Ablasskränzchen 53, 55, 56*, 57
Ablasstag 51
Abwickeln (Steckdraht) 119*
Andrahten 120, 121*
Anemone nemorosa s. Buschwindröschen
Antlasstag s. Ablasstag
Antreiben (Zweige) 60
Auffädeln (Eier, Perlen) 119

Bast 118
Bastelmesser 117, 120*
Bellis perennis s. Gänseblümchen, Tausendschön
Betula pendula s. Birke
Bindfaden 120*
Bingelkraut 113
Birkenkranz 20, 85*
Birkenreisig 26, 27, 29
Birkenzweige 43, 109
Brunnen 68, 69*
Buchsbaumkranz 19
Buchsbaumzweige 41, 43, 88, 97
Buschwindröschen 113

Chamaecyparis lawsoniana 46
Clematisranken 32*, 33

Dorfbrunnen 68, 70*
Drahtreifen 120*
Drahtschere 120*

Eier färben 79
- suchen 78
Eierketten 32*, 47, 62, 63*, 64
Eierkranz 83
Eiertraube 91, 92*
Ewigkeitssymbol 14*

Fasching s. Fastnacht
Fasnet s. Fastnacht
Fastenzeit 10
Fastnacht 10
Feuerweihe 66
Flachzange 117
Frankfurter Grüne Soße 54, 55
Frischhaltemittel 60
Fruchtbarkeitssymbole 14, 54
Fruchtbarkeitszauber 37
Frühlingsanfang 15
Frühlingsblumen 7
Frühlingsfest 76
Frühlingsspaziergang 111

Gänseblümchen 83, 84*, 100, 101*, 108
Gebildbrote 13*, 35
Gewürzpflanzen 98
Gründonnerstag 51, 52, 53, 54
Grüne Soße 54, 55
Gutacoll 118, 120*

Hahn 44, 46*, 47
Heilige Woche 35
Heißklebepistole 117, 120*
Heukranz 7*
Holunderzweige 63*, 65
Hornveilchen 19

Ikebanaschere 120*

Jutefaden 118

Karfreitag 59
Karfreitagsrätsche 9*
Karneval s. Fastnacht
Karwoche 10, 60
Kautschukband 118
Kerze, s. auch Osterkerze 66
Kiepe 81, 82*

Sachregister

Klapper 10, s. auch Rätsche
Kneifzange 120*
Kranz 14, 55, 74*
- binden 26, 27, 30*, 89*
- haltbar machen 58
- stecken 56, 57
- trocknen 58
- Proportionen 56, 57*
Kräuter 14, 54*
Kräutergarten 98
Kräutertopf 51
Kressebeet 51
Kressenest 53
Kuhschelle 107
Küken 47

Lätare 13
Laubmann s. Wilder Mann
Lebensbaum 71, s. auch Osterbaum
Lichtmesstag 8

Mahonienblätter 48
Man-Rune 41
Mariä Lichtmess 8
Mariä Reinigung 8
Märzveilchen 15
Märzveilchenbowle 16
Maschendraht 118
Maskierungen 10
Mercurialis perennis s. Bingelkraut
Myrtendraht 117

Narcissus pseudonarcissus s. Osterglocke
Narzissen 6*, 7*, 25*, 82
Naturfarben 79
Naturmaterial 98

Opferlamm 76, 81
Osterbaum 71*, 72*, 73, 74
Osterblumen 105
Ostereier 20, 30, 62, 76, 77, 78, 79, 80*
- bemalen 94, 96
Osterfeuer 66, 110, 111
Osterglocke 108
Osterhase 80, 81

Osterhasenklause 102, 103*, 104*
Osterkarussell 27, 28*, 30, 61*
Osterkerze 66, 67
Osterlamm 76, 77*
Osternacht 66
Osternest 78*
Ostersonntag 76
Osterspaziergang 111, 112
Osterwasser 67

Palmbaum 36
Palmbuschen 37*, 48, 49*, 50
Palmkätzchen 35
Palmkrone 62*, 63*
Palmpaasch 41, 42*, 43*, 44, 45*
Palmsonntag 35, 37
Palmstab 40*
Palmstange 3*, 36*, 37, 38*, 39*, 41, 63*
Palmstock 47
Palmweide 108
Passionsspiele 59
Pfingstl s. Wilder Mann
Primeln 20
Primula veris s. Schlüsselblume
Prozessionen 59
Prunus spinosa s. Schlehe
Pulsatilla vulgaris s. Kuhschelle

Quelle 68

Rassel 10, s. auch Rätsche
Rätsche 9*
Rosenschere 117, 120
Rot-Eier 79
Rundzange 117, 120*

Saatnest 52*, 53
Salix caprea s. Palmweide
Salweide 108
Scheinzypresse 46
Schlehe 59, 60
Schleifen binden 118*
Schlenkeltage 8
Schlüsselblume 107
Seitenschneider 117

Sachregister/Impressum

Sommerkind 14
Sommerstecken 12, 13*
Sommertag 12, 13
Sonnenrad 40*
Spanndraht 118
Steckdraht 117, 120*
Steckmassering 55, 118, 120*
Stiefmütterchen 32*, 33
Strohreifen 118
Stützdraht 117, 120*

Taufwasser 67
Tausendschön 55, 56*
Tellersaat 53
Tulpen 6*, 7*, 21*, 22*, 23, 24*, 82
Türschmuck 90, 91*

Usambaraveilchen 18

Valentinstag 8
Veilchen 18*, 105

Veilchen-Gefrorenes 16
Veilchenblüten, kandiert 16
Veilchenfest 14, 15, 19
Veilchenring 17, 18*
Veilchensalat 15
Vielliebchentag 10
Viola odorata s. Veilchen
Vorfrühlingszeit 8

Wandkranz 90
Wandschmuck 88, 93*, 95*, 96*
Wasser schöpfen 66*
Watteeier 30
Weidenkätzchen 35
Welldrahtring 118
Wickeldraht 117, 120*
Wilder Mann 11*, 12*
Winter verbrennen 10, 12
- vertreiben 12
Winterkind 14

Die Deutsche Bibliothek – CIP-Einheitsaufnahme

Ein Titeldatensatz für diese Publikation ist bei
Der Deutschen Bibliothek erhältlich

ISBN 3-8001-3370-9

Das Werk einschließlich aller seiner Teile ist urheberrechtlich
geschützt. Jede Verwertung außerhalb der engen Grenzen des
Urheberrechtsgesetzes ist ohne Zustimmung des Verlages
unzulässig und strafbar. Das gilt insbesondere für Vervielfältigungen, Übersetzungen, Mikroverfilmungen und die Einspeicherung
und Verarbeitung in elektronischen Systemen.

© 1990, 2001 Verlag Eugen Ulmer GmbH & Co.
Wollgrasweg 41, 70599 Stuttgart (Hohenheim)
Printed in Germany
Lektorat: Ingeborg Ulmer
Herstellung & DTP: Silke Reuter
Druck und Bindung: Georg Appl, Wemding

Mehr Bücher über Floristik.

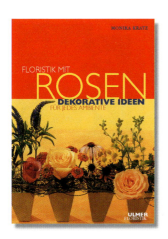 

In diesem Buch sind 30 außergewöhnliche Arrangements beschrieben, vom klassischen Rosenpokal bis zum modernen Kranz – sie alle zeigen die Rose in ihrem schönsten Licht. Wichtig: Alle Werkstücke basieren auf einfachen Techniken und sind auch ohne Vorkenntnisse leicht nachzuarbeiten. Gestalten Sie mit!
Floristik mit Rosen. *Dekorative Ideen für jedes Ambiente. M. Kratz. 2001. 94 S., 56 Farbf. ISBN 3-8001-6770-0.*

Symbolik für das Leben: Kränze, Sträuße und andere Blumenarrangements für Gräber – zeitgemäße Dekorationen werden zu einer ganz persönlichen Gabe. 36 Ideen zeigen, wie vielseitig man Gräber mit Blumen schmücken kann. Das Besondere: alle Werkstücke sind komplett kompostierbar.
Blumen für das Grab. *Floristische Ideen für das ganze Jahr. M. Kratz. 96 S., 60 Farbf. ISBN 3-8001-3275-3.*

Hier werden 16 außergewöhnliche Arrangements beschrieben, vom zarten Adventskranz in Wachs bis zum kostbaren Tafelschmuck mit Orchideen. Sie sind verblüffend einfach und schnell nachzuarbeiten, mit wenig Mitteln und ohne besondere Vorkenntnisse.
Blumen im Winter. *Floristische Ideen für November bis März. M. Kratz. 2000. 94 S., 56 Farbf. ISBN 3-8001-6772-7.*

Häuslicher Tischschmuck, ein Strauß für die Vase daheim, ein Türkranz, Gestecke oder Gebinde für ein Fest – wer hat nicht Lust, so etwas selbst zu machen? Das Buch vermittelt die wichtigsten Methoden und Handgriffe zum Stecken, Binden und Winden.
Blumen stecken und binden. *Ein floristischer Grundkurs. G. Granow. 1999. 190 S., 54 Farbf., 44 Zeichn. ISBN 3-8001-6904-5.*

Mehr Bücher über Floristik.

Das Buch begeistert mit frischen Ideen für neue Kranzkreationen. Damit die Kreationen aus Blüten und Früchten auch gelingen, werden in einem besonderen Kapitel die Grundtechniken in Schritt-für-Schritt-Anleitungen ausführlich dargestellt und mit speziellen Signets gekennzeichnet. Dieses Buch enthält 18 Kränze für jede Jahreszeit und für besondere Feste.
Kränze aus Blüten und Früchten.
Gudrun Anger, Georg Bortfeld. 2000. 96 Seiten, 100 Farbf., 6 Zeichnungen. ISBN 3-8001-3159-5.

Dieses Buch zeigt 32 attraktive Tischdekorationen für viele Anlässe. Bei aller optischen Raffinesse sind die Techniken einfach und ohne Mühe oder besondere Vorkenntnisse nachvollziehbar.
Blumen für den Tisch. *Dekorative Ideen für festliche Tafeln. Monika Kratz. 2001. 94 Seiten, 56 Farbfotos. ISBN 3-8001-3401-2.*

Dieses Buch beschreibt 18 Ideen für Einladungen in Haus und Garten. Inhalt: Tisch & Tafel dekorativ gestalten mit Blumen, Früchten und Kräutern. Schritt-für-Schritt-Anleitungen. Menüvorschläge.
Feste feiern in Haus und Garten. *Dekoration und Inspiration. Gudrun Anger. 2002. 96 Seiten, 88 Farbf, 11 Zeichn. ISBN 3-8001-3841-7.*

Blumenschmuck gehört zu jeder Hochzeit – im Haar der Braut, als Brautstrauß, am Revers des Bräutigams, in der Kirche und auf der festlichen Tafel. Ihn zu fertigen fällt mit diesem Buch leicht und ist ein ganz besonders persönlicher Ausdruck. Zahlreiche Werkstücke, klassisch, schlicht, witzig und ungewöhnlich, werden Schritt für Schritt beschrieben.
Blumen für die Hochzeit. *Monika Kratz. 2002. 94 Seiten, 45 Farbfotos. ISBN 3-8001-3812-3.*